皇室典範を改正しなければ、宮家が無くなる

市村真一

藤原書店

まえがき

昭和三（一九二八）年十一月初旬、御即位の大礼のため御入洛の昭和天皇の御料車を、京都駅に近い東本願寺前の路上で、祖父母に手を引かれてお迎えした光景を、今でもかすかに憶えている。時にまだ三歳半ば、最も幼い日の思い出である。爾来、星霜流れて八十余年、日本国にも、わが皇室の上にも、世界にも、アジア諸国にも、国民各層にも、教育界にも、大学にも、私自身の周辺にも、多くの出来事があった。それは全世界を覆った大戦乱時代であったが、その後には経済の大発展と大混乱が続いた。

いま二十世紀初頭と二十一世紀初頭を対比して驚くのは、世界の勢力図の激変である。もはや大英帝国もソ連共産圏もなく、米国の一極支配はあやしく、欧州連合も動揺している。貧困に呻吟していた旧植民地は、新興国として立ち上がり始めた。一体、何がこの大変動をもたらしたのか。それでいて、世界に相当規模の紛争やテロが一向に絶えない理由は何なのだろうか。

そんな中でわが国は、戦後の復興後、国際紛争に巻き込まれず、比較的波乱少なく推移したように見える。だが、いく度か国の針路の舵取りを危うく誤りかけた。第一は、占領終結時の「全面講和」対「部分講和」の選択である。前者は、極左政党だけでなく、南原繁・都留重人等の進歩的文化人が主張し、後者は吉田茂ひきいる政府が主張した。勿論後者が正しい選択であった。第二は、一九六〇年安保条約の改定である。極左勢力と丸山真男・清水幾太郎・都留重人等の進歩的文化人は反対、岸信介首相ひきいる保守政党は賛成であった。勿論、後者が正しい選択であった。第三は、一九六八年に始まり、七〇年代まで続いた大学紛争である。これには先の安保反対、それからベトナム戦争、中国の文化大革命、米ソ冷戦が絡んでいた。この全共闘学生運動を極左急進主義者、中国の文革派、多くの新聞論調等が支持したが、進歩的文化人は逆に学生指導者に指弾され沈黙した。そして七〇年代末、中国で周恩来・毛沢東両巨頭が死去し、鄧小平の改革開放が毛主義に取って代ると、運動は一挙にしぼんだ。その頃、京都大学を訪問した中国社会科学院の代表団は、皆さんにもご迷惑をかけましたと陳謝、国内事情の一変を告げた。勿論、全共闘運動は一から十まで皆間違っていた。

その後の十年も、世界政治の激震は続いた。ソ連邦は崩壊、ソ連に併合されていた共和国は全部独立、中東欧の共産圏は消滅、冷戦は終った。多くの知識人が、しばらくは米国の一極支配で平和かと思ったが、忽ちにして九・一一の爆破、対テロ戦争の時代が十年続いた。アルカイダ指導者の殺害で、その時代が終るのかと思うまもなく、中国・ロシア・

イラン・北朝鮮等の勢力結集が始まり、「新冷戦時代」の始まりだという所見も聞く。

こうした激動の中で、日本は一体どうして来たのか。日本は、敗戦の結果、憲法も皇室典範も変更を余儀なくされた。教育制度も教育内容も変更され、教育基本法まで押し付けられた。その教育基本法のみを、戦後六十年たった平成十八年に、ようやく根本的に改正したにすぎない。

上述のごとく、わが政府は、十年に一度くらい国の針路の選択をせまられた。そのつど政府は、国内の左翼勢力や言論界・学界の強力な反対を押し切って——左派政党や進歩的文化人が正しかったことは一度もない——現在の如く周辺諸国との関係を不和にせず、日米同盟を堅持して来たが、多くの領土問題をいまだに未解決のままに残している。

しかし国家として重大なのは、憲法と皇室典範である。占領の終結、平和条約の締結から六十年、余りにも遅々たる歩みである。いかなる国の基本法も、二世代も経過すれば、時代の変化にそぐわぬ条項が出て当然である。現在の憲法と皇室典範に根本的な再検討を加えるべき時機はとっくに来ている。我々は、誰に遠慮することもなく、堂々と着実に、日本の叡智をすぐって、最善の憲法と皇室典範を制定すべく準備しなければならない。

いまこの書で論じるのは、そのためのほんの第一歩にすぎない。特に皇室典範の改正について、緊急に必要なことをまず取り上げ、やがて基本的な改正にいたる考え方の整理をこころみるのみである。執筆のいきさつについては、あとがきを見られたい。

公法の専門家でもない私が、この問題を論じるのは、第二次大戦後の日本の学界教育界において、多くのマルキストが天皇制打倒を唱え、ソ連、中国を理想国の如く語るのを批判してきた経緯による。一端は、後篇の四論文を見られたいが、教育思想問題に対する私の発言は巻末の著書目録を御覧頂きたい。

本書執筆にあたり多くの著書評論を読んだが、痛感した一事がある。それは、こうした評論では、激越な言葉や誇張を慎み、相手を悪しざまに言わぬことの大切さである。私の戦後のマルキストとの論争の経験では、過激の言は殆ど何の成果をも生まなかった。ましてや今は、憲法と皇室典範の根本的再検討のための同憂の討論である。史実を検討し、理をつくし、知恵をしぼって、最善の策を見出さねばならない。お互いの戒慎こそ大切だと信じる。

市村真一

平成二十四（二〇一二）年六月十日

皇室典範を改正しなければ、宮家が無くなる

目次

〈後篇〉立憲君主制の擁護のために 129

皇室典範を改正しなければ、宮家が無くなる

〈前篇〉

皇室の弥栄《いやさか》えをお祈りして

君が代は千世《ちよ》に八千世に　さざれ石の
巌となりて　苔のむすまで
——よみひとしらず

＊これは古今和歌集（十世紀）の第七巻「賀歌」の冒頭にかかげられてゐたが、その時は、「わが君は、……」とあつた。詠み人知らず、とあるから、実際はづうと古くから知られた歌であつたであらう。それが平安末期には、君が代は……と歌はれるやうになつたといふ。

（市川浩・谷田貝常夫編『今昔秀歌百撰』文字文化協會刊より）

一　皇室典範を改正しなければ、宮家が無くなる

はじめに

わが皇室の現状には心配な点がある。これに冷静に正しく対処するためには、問題の性質を正確に把握し、それをめぐる論点をきちんと整理して、妥当な解決策についてできる限り合意することが大切である。これまでの新聞雑誌の上での議論には、少なからぬ混乱が見られるので、以下微力を傾けてまず問題を整理する。

最初に、次頁の**表1「現在の皇室の構成」**を見て頂きたい。それは、皇族という大家族の言わば本家である両陛下と皇太子殿下御一家（通常は「内廷」、本書では「皇家」と申

表1　現在の皇室の構成

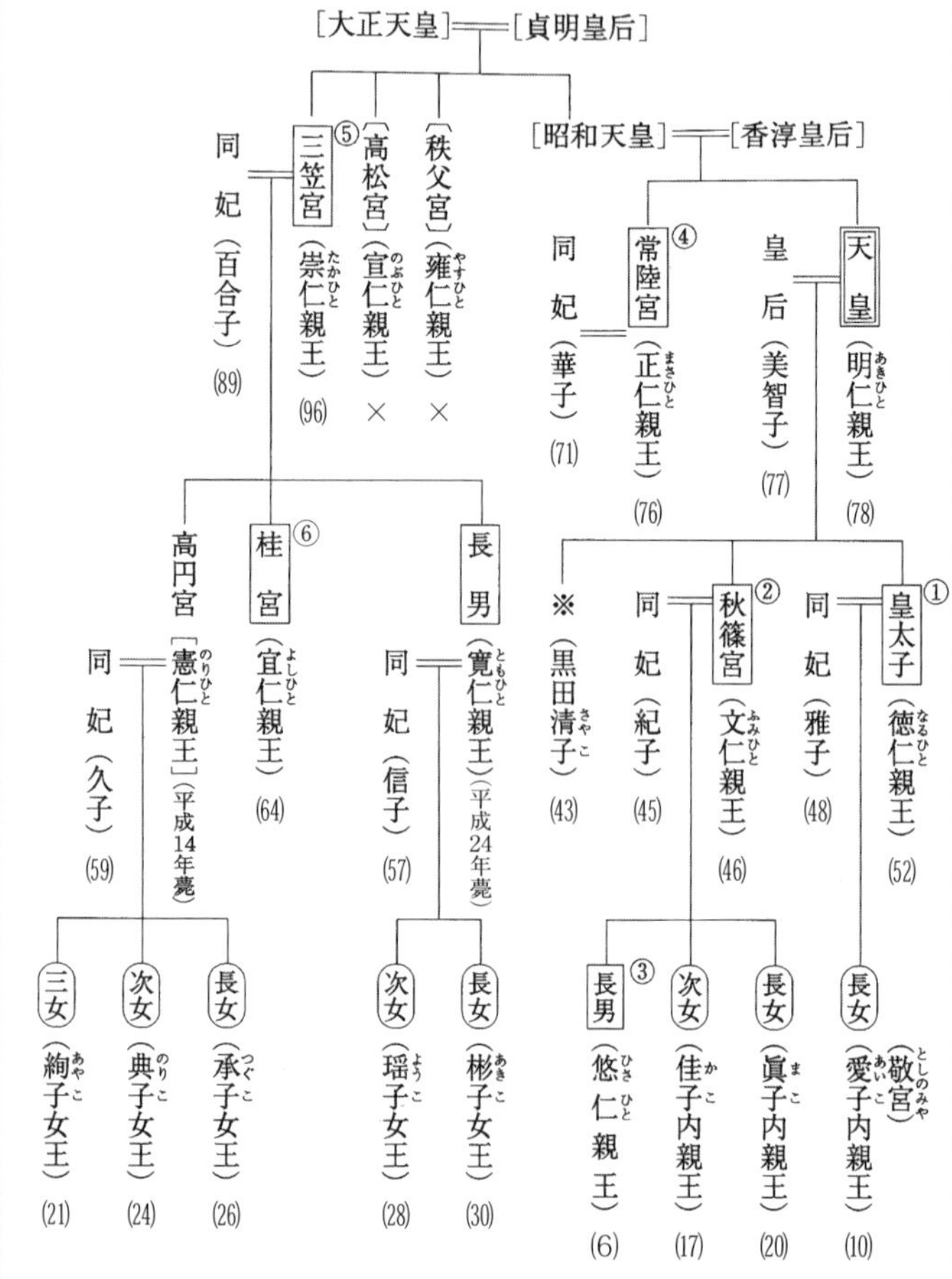

（　）数字は平成24年（2012）9月現在の満年齢　○内は現行典範による皇位継承順位
①皇太子＝昭和35年（1960）2月23日生れ、②秋篠宮＝昭和40年（1965）11月30日生れ、
③悠仁親王＝平成18年（2006）9月6日生れ。なお「敬宮」愛子内親王＝平成13年(2001)
12月1日生れ。※もと紀宮清子内親王は平成17年11月15日降嫁（結婚）《所功教授作成》

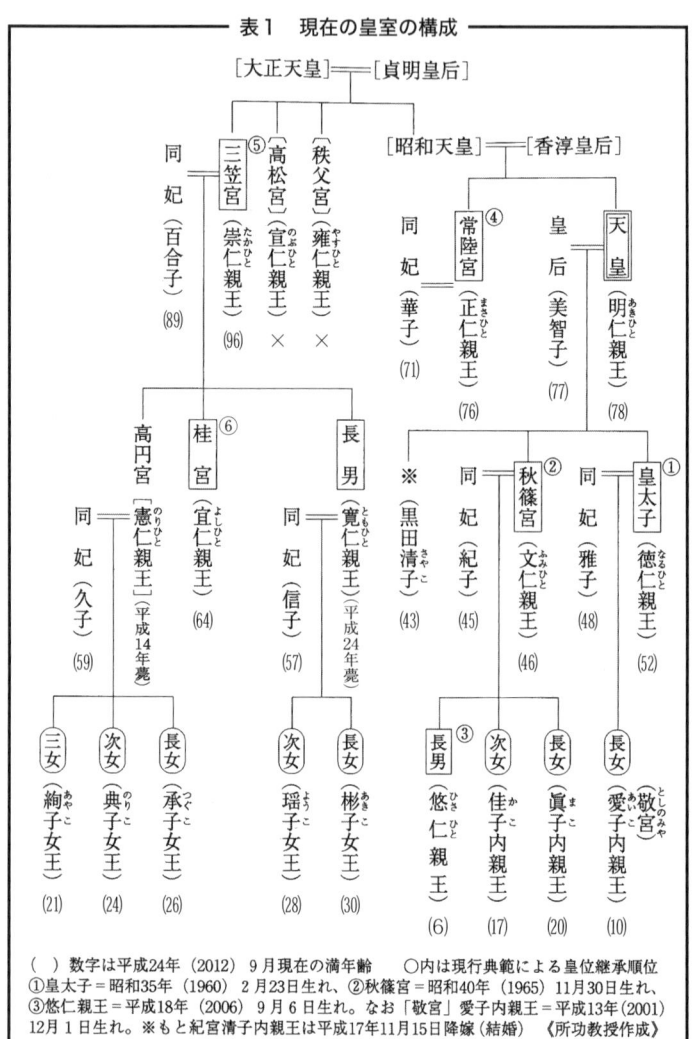

し上げる）と、皇族のなかの分家にあたる五宮家（秋篠宮・常陸宮・三笠宮・桂宮・高円宮の各宮家）の皇族方の男女別と年齢を示す。

ここで重大なのは、皇家と五宮家に、若い男子の皇族が秋篠宮家の悠仁《ひさひと》親王殿下ただお一人だということである。これは、直ちに皇位の継承に問題を提起してはいないが、やがては宮家がなくなることを意味しているのである。どうしてか、という事情の説明から始めたい。

1　宮家に関係する皇室典範の規定

今の皇室典範は、第十二条において「皇族女子は、天皇及び皇族以外の者と婚姻したときは、皇族の身分を離れる」（皇籍離脱）と定めている。また、第九条において「天皇及び皇族は、養子をすることができない」（養子の禁止）と定めている。問題は、この「皇籍離脱」と「養子の禁止」という二つの規定を変更しなければ、悠仁《ひさひと》親王が皇位を継承される頃には、宮家には若い男子の皇族はおられず、やがて宮家はすべてなくなってしまう恐れがあることにある。内親王殿下や女王殿下が御結婚になれば、次々と皇籍を離れられるから、若い女性皇族方が減り、やがて秩父宮家や高松宮家がなくなったと同じように、宮家が次々に減少していく。皇室には悠仁親王殿下とその将来の御家族の他には、若い皇族方がおられなくなり、いかにも心細く不安な状態になる。明治時代の元勲も、皇位の継承について類似の心配をされた記録があるが、当時はまだ宮家も男子の皇族方も多かった。しかし今はそうではない。

わが国の皇室を構成される各宮家の皇族方が、非常の際に天皇陛下を補佐して国事につくされた例は、歴史上たいへん多いが、近くは先の大戦の終結に際して、皇族方が昭和天皇の戦争終結の御意を受けて、国の内外にその伝達に奔走された御補佐の数々は、よく知られている。これは宮家の存在意義の重要な一面を示す。その他平常の皇室の御活動での御補佐も数多い。宮家存在の意義は、決して皇位継承の万一に備えるためだけではない。

2　皇室典範改正の手続き

現在の皇室典範は法律であって、国会での過半数の議決をもって改訂できる。ただその改正の内容が、憲法の規定に関連すれば、憲法の改正を要する。憲法の改正は、手続が厳格でより難しいが、上記の二条は憲法とは関係なしに改正が可能である。ただ、改正内容が議員の過半数の賛成が得られるようなものでなければならない。改正条文の内容は、この観点に配慮して吟味される必要がある。

3 「有識者会議」の報告書との関係と相違

皇室典範の「皇籍離脱」と「養子の禁止」の規定は、女性皇族及び天皇と皇族について定められているが、いま私が提議するのは、皇太子家と五宮家の皇族についてのみである。この点の誤解を避けるため、先に平成十七（二〇〇五）年一月、悠仁親王殿下御誕生の前に小泉内閣が出した「皇室典範に関する有識者会議」の報告書の議論との異同を明らかにしておきたい。

あの時の議論の中心は、皇太子殿下に皇子がお生まれでない場合、誰が皇位を継承するか、であった。皇室典範には、そうした場合のことを第一章第一条以下に規定している。だがその規定では、皇位継承者が続かないと判断されたのである。その理由は、第一章の規定通り、傍系の子孫の男子を選んでいっても、皇族の中に継承者たり得る男子は居られなかった。大正天皇、明治天皇、孝明天皇とさかのぼってもそうであった。即ち、当時の状況では、皇室典範の条文は不備であったのである。

幸い、悠仁親王のおられる現状では、皇位の継承は現行皇室典範の規定で問題はない。

従って、いまは急いで皇位継承者の問題を論じなければならない状況にはない。ただ宮家の消滅への対策を考えればよい。いまここで私が提議しようとしているのはその対策である。

4　皇室典範改正を急ぐべき理由

ただ、このための皇室典範の改正は急がねばならない。理由は、女性皇族方のなかに御結婚適齢の方が多いからである。従って、女性皇族方が結婚される前に、第十二条を改正して「皇籍離脱」しなくてもよいようにするのは急を要する。ここ一両年の間に上記の二条の改正案文を用意して、国会の議決を得ることが望ましい。後に詳論するが、もし女性皇族方が、ご結婚により一旦一般国民となられると、その方の皇族復帰は、古来「君臣の別」を不明確にするからとして慎まれてきたことなので難しい。歴史上そのような例は皆無ではないが、例外中の例外であり、その慣行は尊重されねばならないからである。

5　皇位継承と宮家存続の根本的違い

平成十七年十一月に、「有識者会議」は重要な基礎資料を含む報告書を発表し、皇位継承者の資格や順位について提言したが、その時の問題とここでの宮家存続の問題とは大きく異なる。根本的違いは、皇位継承には「有資格者」とその「順位」を決めねばならないが、宮家には順位の問題がない。当時の報告書に対し、一部の学者や知識人で異論を唱える人があったが、それは主として「順位」に関してであった。

本論文では詳論しないが、それらの論者のなかには、占領下の昭和二十二（一九四七）年に皇籍離脱を余儀なくされた「旧皇族」方の御子孫に皇族に復帰して頂いて、皇室典範の第一条の規定のごとく、男系男子による皇位継承を維持したいと主張した人がおられた。たしかに、占領政策は、新憲法制定など不当なことが多いが、「旧皇族」の御子孫の皇族復帰には、原則と手続と宮家の現実への対処の三面において、慎重に検討すべき問題がある。よって、ここでは立ち入らず、第二論文「皇室典範改正の諸問題」で詳論する。

だがたとえ仮にそれらを解決して、旧皇族の御子孫方が皇族に復帰されたとしても、現皇室典範の規定の下で、そのなかの一人が皇位継承者に選ばれる順位の決め方には多くの課題があり、詳細に再検討する必要がある。例えば、明治以前にさかのぼれば、養子や庶子その他、現行典範や明治典範の規定に沿わない事例もあり、その場合の順位の決め方等を検討せねばならない。現典範も明治典範も、そのような事態を想定していたとは思われない。従って、その提案を受け入れるには、現皇室典範の慎重な検討が必要である。それには時間が必要である。それは現在の緊急事態の解決に貢献する道とは思えない。

6　家の存続継承と庶子、養子について

皇室は天皇を中心とする大家族である。また宮家はその分家である。その大家族が、二千年以上も歴史上のさまざまな困難を克服して万世一系の皇統を保ち得た理由は、何よりも忠臣義士が皇室への忠誠を尽くしたからであるが、その御血統が存続し得たのは、主として側室制度であり、次には養子制度である。明治皇室典範は、嫡出子なき時は庶子の継承を認めていた。御歴代中、その割合は半分に近い。

現皇室典範は庶子による継承を認めない。しかし、たとえ側室を認めても、子供が生まれない夫婦の例は、昔も今も、決して少なくない。わが皇室にもそのような場合は多かった。その時は、歴史上では皇族間で「養子」をして皇統を継承された。皇室ではないが、徳川幕府の将軍家の場合、御三家を定めたのも類似の理由からであった。世間一般の家系の相続も同様である。名門や旧家でも、何代かの間には必ず養子をとっている。皇位継承の順位問題を別として、皇家も宮家も、どの家系でも、側室と養子を共に否定しては、家の存

続は殆ど不可能である。

7　宮家の存続のために

宮家も同様に考えねばならない。宮家に、皇籍離脱と養子の禁止の両方を適用すれば、各宮家の家系が早晩断絶することは殆ど自明である。故に、一夫一婦制を前提とする現代のわが国において、宮家の絶滅を救う道は、まず内親王や女王が皇族でない男子と結婚された場合、皇籍を離脱するという条文に例外を認め、女性を当主とする宮家の継承ないし創立を認める道を開くことである。次に、子供がなく、断絶する宮家の存続のために、皇族間の養子を認める道を開くことである。

勿論、これらのことはすべて皇室会議の議をへなければならないであろう。御婚姻のお相手や養子の縁組の選認や手続は十分慎重になされねばならない。だがその詳細は、ここでは論じないこととする。

8　皇室会議の構成員について

女性を当主とする宮家——屢々女性宮家と略称されるが、不適切だと思う——の継承ないし創立の手続は、条文上「皇室会議の議をへて」と規定されるべきである。こうした任務を司るべき皇室会議が、それにふさわしい構成員になっているかは問題である。皇室典範第五章第二十八条は、構成員十名中皇族を二名と定める。皇室会議は、性質上国事にも関係するが、皇族の家族会議としての側面がある。とくに皇族の身分の取得や離脱が決められる場合を考えると、皇族の参加数が少なすぎる。この点の再検討が望ましいと信じる。

9　宮家の家族の身分

女性皇族が宮家を継承ないし創立される時、宮家の当主は、当然その内親王ないし女王である。一般民間女子が皇族と結婚した場合に、その配偶者が皇族に列せられるのと同様、女性宮家の男性配偶者も、皇族に列せられることに異論はないであろう。尊称は、例えば殿下とすればよい。それは、たとえその方が「旧皇族」の子孫のお方であっても同様である。その宮家にお生まれになるお子様方についても、当主が男性皇族である宮家と何ら違うべきではない。これは一代限りの宮家や、男系女系の差を認めないことを意味する。但し、皇室典範の第一条が改められない限り、女性皇族が当主である宮家の親王や王が皇位を継承することはない。その点以外では、宮家に違いはあるべきでない。

10　宮家の数の問題

女性宮家の創設を認めると、宮家の数が多くなりすぎる心配がある。また同時に、女性皇族のなかに、婚姻に際して皇籍離脱を選ばれる場合もあろうから、宮家の減少が止まらぬ心配もある。こうした問題への配慮も重要である。多い方には、旧皇室典範のもとで勅定された大正九年の「皇族の降下に関する施行準則」の基準（四ないし六世で皇籍を離脱）に従って、新しい平成の準則を考える必要があろう。減少への対処にはさらに慎重な検討を要するであろうが、それは稿を改めて論じたい。

二　皇室典範改正の諸問題

はじめに

この論文は、前章の論旨[1]をもって、平成二十四（二〇一二）年一月二十一日、大阪の国民会館講座のために行った講演[2]「日本の二大課題――皇室典範の改正と長期不況の克服策」の前半に加筆したものである。ただ、講演の直後『正論』誌の三月号に発表された二論文[3]、所功「宮家世襲の実情と女性宮家の要件」と皇室典範問題研究会（代表小堀桂一郎）「皇位の安定的継承をはかるための立法案」を拝読して、現下の皇室典範の改正問題に関する主要な論点はほぼ出尽くしたと判断したので、それらの主要論点への私の所見を述べるために、さらに加筆した(4)。前章、及び後章の内閣官房へ提出した所見と合せて読者の御理解が得られれば幸甚である。

1　平成十七年と現在の状況の相違

七年前、小泉首相の時内閣に設けられた「皇室典範の改正に関する有識者会議」の当時、皇室典範を改正しないと、皇統が絶える心配があった。秋篠宮家に悠仁《ひさひと》親王殿下がお生まれになった今、心配は宮家の消滅である。皇位は、現皇室典範によって、皇太子殿下、秋篠宮文仁殿下、悠仁親王殿下の順が決まっていて、なんら問題はない。

現在の皇室には、両陛下と皇太子殿下御一家の「皇家」と五宮家があるが、全宮家中で若い男子は悠仁親王殿下だけである。女子の宮様が結婚されると、必ず皇室を離脱される。女子皇族の殆どが結婚適齢期であるから、女子皇族は次々減っていく。三笠宮家なども早晩なくなり、悠仁親王殿下が天皇におなりになる頃には、将来の両陛下と御家族のほかには、若い皇族がおられなくなることが確実である。それが今の問題である(5)。

昨年秋頃、羽毛田宮内庁長官が野田佳彦《よしひこ》現首相に会われ、皇室典範を改正する必要があり、しかもそれは緊急だと申し入れられた。首相も新聞記者に、緊急の課題と受け止めている、と言われたという。

2　女性宮家の創設と養子制度

この問題の解決には、どうすればよいか。第一案は、皇室典範第十二条を改め、御結婚された女子皇族が皇籍を離脱しなくてもよいようにすることである。(6) 加えて、私自身は、前論で第九条の改正をも提案した。第九条は、天皇および皇族に養子を禁止している。養子といっても、他の皇族からに限るが、第九条はそれも禁じる。昔は、皇家も宮家も養子をされていたし、逆に子供が多ければ、出家して寺院の門跡などとして臣籍降下された。その養子を認めることをも提案した。長官はこれには言及されなかった。

それが望ましいと考える理由の一つは、国のため重要な功業のあった宮家、例えば明治時代に台湾で戦死された殿下のおられた北白川宮家のような宮家とその祭祀の存続が望ましいからである。わが国と皇室が、そうした忠誠な宮家に守られて来たのがわが国の伝統だと信じる。

さて、宮家がなくなっては困ることに異論を唱える人は殆どないが、対策として女性を当主とする宮家を認める提案には、賛成者も反対者もある。特に反対者に、過去の歴史の上に例がないとして、猛反対の人がある。その方々は、この提案そのものよりも、その女性皇族のお相手に誰が来られるかへの不安と、その宮家にお生まれの子供がやがて皇位を継承される心配からの反対なのである。私は、念を入れて皇位継承の問題は別問題であると書いたが、反対論者は、将来「女性宮家」の皇子が皇位につく――女系天皇の誕生――への「蟻の一穴」になるのでは、といって反対される。以下、これらの反対論を吟味する。

3　主要な三反対論の検討

第一は、強硬な反対論者に多いが、この方策を採ると、皇位継承の順位が、年齢順のように変わることを恐れての反対である。換言すれば、女性宮家の創立と皇位継承の順位の問題を最初から同時に論じるべきだとの主張である。しかし、宮家の当主に男性も女性も認める問題と、皇位継承の順位とは明らかに別問題である。有力な反対論者が、万策つきれば女帝も女系天皇もやむを得ない、と語られていることが、彼ら自身二つを分けて考えていることを証明している。前論文で指摘したが、彼らの主張を受け入れたとしても、早晩皇位継承の順位に関する第一章第一条以下の規定の再検討は不可避である。現行の皇室典範の規定は早晩改正を要するのであり、それには数年はかかる。今の緊急な問題の解決の間に合わないから、二つを分けるのが賢明である。

第二の反対論は、御結婚のお相手が「旧皇族」の御子孫ならば認めるとの意見である。提案はこの可能性を含むから、それは条件付賛成論である。しかしお相手云々は法規になじまないから、「皇室会議の議により」の含意に一任すべきであろう。

第三は、皇位は男系男子に限るべしと論じる方々で、今の事態への対策として「旧皇族」の子孫の方の皇族への復帰を提案される。(7)「旧皇族」と申し上げるのは、占領下の昭和二十二(一九四七)年十月に皇籍離脱を余儀なくされた宮家の方々である。占領軍は、天皇陛下御一家と三直宮の秩父宮・高松宮・三笠宮以外の宮家全部に皇籍離脱を強制した。当時の十一宮家は、朝香宮《あさかのみや》・閑院宮《かんいんのみや》・賀陽宮《かやのみや》・久邇宮《くにのみや》・北白川宮・竹田宮・梨本宮・東久邇宮・東伏見宮・伏見宮・山階宮《やましなのみや》家であるが、私の知見にして誤りなければ、東伏見・梨本・山階・閑院の五宮家は既にない。皇室問題研究会は、残る宮家の方々を一挙に特別立法によって皇族に復帰して頂くよう提言し、女性宮家創設は必要ない、と主張されるようである。次のような理由からそれには賛成しがたい。

4 「旧皇族」の御子孫の皇族復帰の問題点

上記の報告自体が、その内容につき予想される疑問点に回答を与えている。その議論に賛成する点も多い。よって、賛成点は除き、問題がある四点についてのみ検討する。

（1）皇族の降下に関する施行準則（大正九年）の問題
（2）臣籍降下された皇族が皇族に復帰する問題
（3）皇家との血縁が数百年ない問題
（4）側室も養子もない父系継承の可能性の問題

(1) 占領政策と大正九年の施行準則

占領政策はけしからんが、占領軍当局の命令がなければ、旧宮家の方々は今も皇族であられたかというと、実はそうでないだろう、と申し上げねばならない。理由は、下に掲げる「皇族の降下に関する施行準則」（大正九年）があるからである。[8] この問題は、前論を執筆した際、私も検討したが、その時は『旧皇族』の御子孫の皇族復帰には、原則と手続と宮家の現実への対処の三面において、慎重に検討すべき問題がある。よって、ここではそれに立ち入らない」と述べて、結論を留保した。さらに、仮にそれが実現したとしても、皇位継承の順位の問題が生ずるため、現在及び明治の皇室典範の再吟味が要ることを指摘した。深く考えねばならないのは、この施行準則である。

一般には知られていないが、明治の皇室典範は、明治四十年に明治典範増補なる形で修正され、皇籍離脱制度を定めた。また大正九年に勅許を得て、次頁の施行準則を定めた。これらは占領政策とはなんの関係もない。

敗戦占領がなければ、昭和二十二年以前の皇室典範の法秩序に戻るから、勿論典範増補も準則も否定できない。昭和二十二年以前に、この準則適用によって既に相当数の皇族が皇籍を離脱された。もし準則がそのまま今まで適用されたとすれば、現在の「旧皇族」の御子孫方で「皇族」であり得た方は、ごく僅かの老齢者であっただろう。勿論、現実には占領軍の命令があり、現在の皇室典範が制定され、この準則は無効になった。かつ当時は、宮家の数が多く、施行準則はそれを減らす方向から発想されていた。だが、研究会の報告のように、その理由で皇族への復帰との関係で施行準則を無視してよい、とは思えない。そこには、所謂「永世宮家」のあり方に関する明治大正両天皇や当時の元老達の慎重な検討と、宮家の増減に関する大宝令以来の歴史的考え方が含まれていると判断すべきだから大正九年の「皇族ノ降下ニ關スル内規施行準則」

第一條　皇玄孫ノ子孫タル王　明治四十年二月十一日勅定ノ皇室典範増補第一條及皇族身位令第二十五條ノ規定ニ依リ請願ヲ為サザルトキハ　長子孫ノ系統四世以上以内ヲ除クノ外勅旨ニ依リ家名ヲ賜ヒ華族ニ列ス

第二條　前條ノ長子孫ノ系統ヲ定ムルハ皇位繼承ノ順位ニ依ル

第三條、第四條（略）

第五條　前數條ノ規定ハ皇室典範第三十二條ノ規定ニ依リ親王ノ號ヲ宣賜セラレタル皇兄弟ノ子孫ニ之ヲ準用ス

附則　此ノ内規準則ハ現在ノ宣下親王ノ子孫現ニ宮號ヲ有スル王ノ子孫竝兄弟及其ノ子孫ニ之ヲ準用ス　但シ第一條ニ定メタル世数ハ故邦家親王ノ子ヲ一世トシ*實系ニ依リ之ヲ算ス（以下略）

*この「邦家親王」は、幕末に世襲宮家であった伏見宮家と閑院宮家の前者の当時の第二十代の当主であられたお方である。明治に新設された宮家は、全部この伏見宮家より分立された。宮家皇族の臣籍降下のルールを定める際、同親王を最後の親王とみなし、次の世代から王とし、長子系は、その四代までを皇族、五代目で臣籍降下、次男以下は婚姻と共に臣籍降下と決定された。「邦家親王ノ子ヲ一世トシ（邦家親王の次より数えて）」という文言は、その意味である。

である。旧皇族の御子孫の皇族復帰を考える方々は、まずこの準則についての所見を表明すべきであろう。研究会の報告にはそれがない。

私自身は、大正九年の準則は変更修正してならないものではないが、尊重すべきものと信じる。実は後に、一部修正を提案する。先の拙論で「原則と手続と現実の三面で慎重に」と言った手続とはこの点である。次に、原則について説明する。

(2) 臣籍降下された皇族の、皇族への復帰

歴史的に、一旦臣籍に降下された皇族が再び皇族に復帰された例は、研究会の報告が書いているごとく存在する。だが、それは例外中の例外である。当時の事情やむなくそうされたので、極力回避すべきものと、私は考える。だからこそ、明治四十年の皇室典範増補の第六条において「皇族の臣籍に入りたる者は、皇族に復することを得ず」と定められたのであろう。

但し、上述のように極めて例外的な場合に、そうした特例を認める道のあることは望ましいと、私は考える。それは皇位継承のためにぎりぎりの場合などである。現皇室典範でも、明治の皇室典範でも、そうした例外的事情での特別処置を考えていないのが、その弱点だ

と私は考えている。しかし、この点を今回の問題と関連して考えるのは適当でなく、別個に数年をかけて論議を重ねるのが適切だと判断する。類似の理由から、一旦臣籍に降下されたお方を六十数年後に皇籍復帰を認めるのも、数年の慎重な検討が望ましいと私には思われる。

もし大正九年の準則の考え方を、男系男子に限らず、母方により皇家につながる方も含めると、旧宮家の中で明治天皇の内親王殿下と昭和天皇の内親王殿下が降嫁された東久邇宮家と竹田宮家と北白川宮家と朝香宮家の長子系の方々は、（邦家親王の次から数えて、と同様に考えれば）四世内であられるので、皇家との血縁が近く、皇族への復帰を考える余地があると私には思われる。必要ならば、この趣旨をもって修正した平成の準則をつくるべきであろう。

ここで、前の拙論であげた三面の最後の、各宮家の実情や御意向をうかがうべき点について、一言する。この点につき、既に若干の報道があることを知らないわけではない。だが率直に言って、今のわが国の週刊誌・月刊誌・テレビ等の報道には目に余るものが多く、それを頼りにこうした重大な問題を論じるべきではないと思う。よって、ここではこれ以上言及しない。同時に思うのは、我々国民の側の責任である。皇家、宮家、旧宮家の状況が現在のような事態になるまで、そうした問題を真剣に考えてこなかったのは、我々国民の側の責任も大きい。私共も、学者や言論人として、反省が必要である。

（3）皇家と数百年血縁がない問題

研究会報告は、旧宮家の中に皇家との血縁が数百年前にさかのぼる宮家もあることを認めつつも、それは問題でない、との考えと見受ける。だが、私はそれに同意できない。理由は、それは既に明治四十年の典範増補と大正九年の施行準則を決めた時に、十分論議の上で所謂「永世宮家」を明治以降（邦家親王の次から）の四世で終わらせるという結論を出したのであって、妥当と思われるからである。それはまた、両皇室典範の定める皇位継承の順位の基本的考え方に即してもいる。また数百年も宮家を世襲するために、伏見宮家や閑院宮家は自分の子を天皇家の「猶子《ゆうし》」（名目養子）とすることによって、宮家を正当化する工夫をする必要があった。この昔の制度を非難すべきではないが、血統を重視する君主制で大事なのは、血縁なしでは宮家の意義は薄れていき、皇位継承の順位は下がっていくということである。数世代までならば、皇位継承の順位も順当に決められるだろうが、数百年も長くては無理であろう。それが大正の施行準則が作られた所以である。従って、宮家が宮家に留まるのは長子系で四世までとしたのは、明治大正の天皇や元老方の合理的な知恵であったと信じる。従って基本的に、これは今後とも維持していくべきだと私は考える。皇族が減り過ぎない工夫は、他に求めるべきだと思う。

(4) 側室制度なき男系継承は維持できるか

最後の、しかも最も深刻な問題は、側室制度のない皇統の維持は男系男子のみでできるか、という問題である。皇室典範の第一条は、皇位は皇統に属する男系の男子が之を継承する、と定めている。しかし、側室の認められていた明治時代まででも、たとえ中継ぎ的な場合が多いにしろ、わが国にも女帝はおられた。両皇室典範はこれを認めていないが、それは未来永劫にそうすべきか、検討に値いする。また歴代天皇のうち、嫡出子は半分強のみである。宮家ではさらに多い。勿論、医学の進歩は著しいから、生まれた子は大抵育つだろう。だが他方少子化の傾向は続いている。我々の周辺を見渡して、子供のない夫婦、男児のいない家族のなんと多いことか。皇族が例外と考えてはならない。前掲の研究会報告は、現在の事態は、極端に稀な事態で、こんなことは将来二度とは起こるまい、と書いている。果してそうか。私には、そうは思われない。よって、現在の問題の処理につき、二つの提案をしたい。

第一、幸い今は悠仁親王殿下が居られる。皇太子殿下、秋篠宮殿下、悠仁殿下の順位は確定している。その間に、皇位継承の順位の問題について数年間、あわてずにしっかり考えよう。

第二、より長期の問題を考えるには、楽観を避け、事態が我々の望む方向に展開しない時でも対処できる柔軟な制度を時間をかけて工夫しよう。

率直に私見を言えば、明治皇室典範も昭和のそれもわずか二世代で行き詰った。その理由は、予想外の例外的事態に対処できる方策が取れるような危機管理条項を含む制度上の工夫がなかったからである。楽観すれば、わが国の皇位の継承はあまり心配はいらない。十数年くらい後に、悠仁殿下が成人され、御成婚になり、皇子さまが何人もお生まれになれば、宮家も増え、君主国日本は安泰であろう。しかし悲観すれば、悠仁殿下に内親王殿下しかお生まれでないかも知れず、一人もお生まれでないかも知れない。我々は、そうした事態のことを考えねばならない。しかも皇家だけでなく、各宮家についても同様に想定して検討しなければならない。そういう制度の工夫は簡単にはできない。数年かけて慎重にと、反復して提言するのはそれ故である。

5　一夫一婦制で養子を認めねば家系は断絶

はっきり認識すべきは、側室と養子を共になくして家系が存続する――男子・男子と継いでいく形――は、不可能だということである。わが国の大抵の家には祖先の死亡の歴史がわかる「過去帳」がある。十代くらい遡って調べられる家の方はすぐわかる。まず嫡男だけで五代と継いで来た家はめったにない。たまにはあるが、十代なら皆無であろう。私の家は、祖父からは男・男で続いているが、祖父の父親は婿養子だった。旧家や名門の家でも、殆ど全部そうである。自分の家のことを振り返れば明らかで、男系男子だけで家系を継承し続けることは不可能である。これは皇家にも、一つ一つの宮家にも、当てはまる。現在の事態は、皇家と五宮家のうち、秋篠宮家以外に、それが同時に起こったのである。もし宮家が少数になれば、この事態は数世代かの間に必ず起こる。楽観は禁物だと信じる。

いま仮に旧宮家のいくつかが皇族に復帰されたとして、そこに男子がおられても、男系の継承のみならば、五世代位の間には必ずその家系が断絶する確率は高く、宮家の数は多分急減するだろう。大正・昭和・平成の歴史はそれを示している。私は、皇家のほかに五宮家では少なく、七ないし十の宮家が存在する形を目途とすべきと考える。私が、女性宮家を認め、かつ皇族間の養子を認めなければならないと考える根本理由は、ここにある。宮家が増えれば、大事なのは皇位継承の順位である。当然、皇統の維持は、君主国における絶対の要請であるからである。従って、重大なのは、宮家の親王・内親王方の御婚姻に万全の配慮が払われることである。しかし今ここではそれを論じない。

6　女性宮家への反対論者は楽観的すぎる

皇室典範第十二条を改正すると、少なくとも皇太子殿下の愛子内親王と秋篠宮家の二人の内親王は御結婚されて新宮家をおつくりになれる。しかし先の研究会報告は、そのお子様は天皇になってはいけないと論じる。しかしいまの皇室典範の第一条を改正しない限り、男系男子以外は天皇になり得ない。皇位継承と宮家の創設の問題は皇室典範上はっきりと区別されている。にもかかわらず、女性宮家の男子のお子さんが皇位を継ぐ（女系天皇ないし母系天皇）例は、日本の過去の歴史上ないから認められない。この皇室の伝統を守らねばならぬ――と主張し、その道を開く陰謀があるかのように言う人もある。

確かに歴史上の慣例は尊重されるべきであるが、既に指摘したように、明治と昭和の両典範にもいくつかの問題があり、その一部は修正された。過去の歴史の上で、存在した女帝を両典範で除外したが、それは絶対に除外すべきこととも思われない。一旦臣籍に降下された皇族が皇族に復帰された例は例外中の例外だが、それを大幅に超えた処置を今回取る提案を、男系に固執する論者自身がされている。

女性宮家も同様の問題である。本来なら、側室が廃止された時に、その含意を注意深く考察して現在の事態を推察すべきであった。今は数年をかけて、宮家消滅の原因と対策について冷静真剣に思いをめぐらせるべき時である。難問対策には楽観は禁物である。我々は、大震災でそれを学んだばかりである。最後に、最近気になる一つの言葉の乱用に警告し、かつ皇室会議のあり方に一つのお願いをして本論を終りたい。

7 「易姓革命」とは何か

もし女性宮家に生まれた親王が天皇に即位されれば、それは「易姓革命」になる、と何人かの論者が書いている。「易姓革命」とは、中国の政治思想で王朝の交替をいうのであり、我々が論じているのは、平たく言えば、皇族という大家族の本家に分家から養子に入ることである。もともと何々宮というのは姓ではなく、居住する宮殿の場所名である。女性を当主とする宮家の皇子は臣下ではない。別家系の臣下が皇位に登ることはない。わが皇室は無姓であり、皇室に入った者は、姓は消えるのである。誤用誤想も甚だしい。

8　皇室会議の改善の要望

今後は皇室の有り様について、皇室会議は段々重要な役割を演じなければならない。現在の皇室会議のあり方は、二つの点で改善が必要である。第一に、その目的を明示し、第二に、重要な議題を取り上げる際には、天皇陛下の臨席を仰ぐものとする、ことである。現行の規定には、目的を示す明文がない。また皇室会議には、皇族の家族会議の側面があるが、その場合に天皇陛下の臨席がないのは不自然である。特にここに論じたような皇族の身分に関する問題が議題となるときはそうである。

注

（1）市村真一「皇室典範を改正しなければ、宮家が無くなる」『日本』平成二十三年十一月号。

（2）市村真一『日本の二大課題――皇室典範の改正と長期不況対策』国民会館叢書、平成二十四年。

（3）下記二論、おおむね①は賛成論、②は反対論である。①所功「宮家世襲の実情と女性宮家の要件」、②皇室典範問題研究会（代表小堀桂一郎）「皇位の安定的継承をはかるための立法案」。

（4）市村真一「皇室典範改正の諸問題」『日本』平成二十四年五月号。

（5）私は平成十八年に「君主制と王位継承論」（本書第三章）を発表、二十二年春からほぼ現在の意見を各地で発言、その内容は注（1）のごとく本書第一章である。

（6）より早く所功教授はこの問題を訴え、平成十年文春新書『皇位継承』平成十八年ＰＨＰ新書『皇位継承のあり方』を出版、また有識者会議の報告書でも同問題を指摘した。

（7）『正論』誌、平成二十四年三月号の②の主張である。

（8）皇族の皇籍離脱と皇籍復帰問題については下の三文献を参照。特に①は賛否双方の議論を詳しく吟味している。

③有識者会議報告書「参考資料」の資料十七（四四頁）宮内庁、平成十七年、④所功「皇族の養子に関する史的考察」『産大法学』平成二十二年九月、⑤所功「皇族の降下に関する施行準則」関係資料解説、『日本』平成二十二年十月号。

三　君主制と王位継承論

本論は、悠仁親王殿下がお誕生になる前に執筆した。将来の「王位継承論」を考える参考にと思い再録する。若干の修正と追記をしたが、その個所は付記した。

1　君主制の長所と弱点

まず、マックス・ウェーバーとカール・レーベンシュタイン両教授に学び、またわが国の歴史を振り返って、君主制の長所を次の七点に、短所を二点に要約する。長所は、

①君主は国家を象徴的に具現し、国民統合を容易にする。

②君主制は、政治家の権力欲を制御する。

③君主制は、外交の連続性を保つ。
④君主は、重要な政治的調整の役割を果たす。
⑤君主制は、義務をわきまえた官僚の効率よい行政の優れた基盤となる。
⑥君主制下の軍隊は、将校団を中心に、自然な団結と忠誠心を保持しやすい。
⑦君主は、歴史と文化的伝統に支えられ、国民の情緒・道徳・文化の支柱となる。
の七点であり、弱点は、
①王統の継続を必要とし、
②王統の分裂を避けねばならないこと、である。
王位の継承には、長所を温存し、弱点を克服する配慮が大切である。

王制は大抵世襲制であるが、選出制もある。ローマ法王や古代シナで理想とされた堯舜の継承は、選出王制である。世襲王制は血統により、選出王制は一定の手続による。だが世襲でも、時に選出の問題が生じる。実は、今の日本の皇位継承問題は、まさにその点に関連している。世襲王制では、王位の継承者がなくなることは、なんとしても克服せねばならない。その際、君主制の長所、特に①と②と⑦の維持に智恵をしぼらねばならない。

2　家系継承の父系・母系・双系

王家も一つの家族である。普通、家督を男子が継ぐ立て前の時「父系」、女子が継ぐ立て前の時「母系」、いずれでもよい時「双系」という。いずれを原則とするかは、民族により、氏族により、時代により、また職業等によりさまざまである。わが国でもシナでも西欧でも、過去千数百年間父系を原則とする家系が大多数だが、東南アジアやシナの少数民族には母系も双系もある。インドネシアのスマトラ島南西部に住む有力なメナンカバウ族は母系であり、マラヤ族は大多数が双系である。シナの少数民族にも母系も双系もある。わが国でも豪農や関西の商家には、例外的に母系の家系の例もある。

わが皇室典範は、新旧ともに、皇位継承を「男系の男子」にのみ認める。それは、厳格な父系を意味する。さらに、旧典範は側室を公認し、皇庶子をも認めたが、現在わが国の皇室には皇庶子はおられないから、今は問題にならない。わが皇室と皇族の現状（平成十七年）では、皇太子殿下の次の世代に男子がおられないから、皇室典範が今のままだと、その親皇位継承者も宮家もなくなる。もし皇太子家か秋篠宮家に男子がお生まれならば、その親王殿下が皇位を継承されて皇位継承問題はおさまる。だが宮家消滅の恐れは続く。もし内親王さまがお生まれなら、二つの憂いは変らない。

3　皇位継承を維持する四方策

問題は、皇家と宮家合わせての皇族の数が今ほど少ないと、一夫一婦制で男系男子のみによる世襲王制の維持が難しい点にある。たとえ次に皇子がお生まれになっても、いまのような皇室の状況では、近い将来に同様の事態が再起するであろう。

この状況の下で皇位継承を安定的に可能にするためには、次の四つの方策を検討し、合意が見出せれば、必要な皇室典範の改正を考えねばならない。

（1）女帝を仰ぐ用意をする。

（2）女性皇族が、婚姻後も皇籍離脱せず、宮家を継承または創立される道を開く。

（3）「旧皇族」の御子孫に皇族へ復帰される道を開く。

（4）皇家と宮家に養子を迎える道を開く。

（追記、原文には（4）はなかったが、後の説明と合わせるため追加した。）

加えて、重要なことは、皇族の間の皇位継承の順位の決め方に関する皇室典範の規定を再検討することである。

政府の有識者会議の提言は、上の（3）も（4）も論じていない。しかし、男系の男子による皇位継承の原則維持を主張する論者は、それこそ最善策と考える。皇太子殿下か秋篠宮殿下に男子がお生まれにならない限りは、父系維持が可能な策は（3）と（4）である。現時点の状況下において、この問題をめぐって、同憂の人々の意見の相違を対立にしてはならない。政府は拙速より論議を深める配慮をし、論者も激越な言辞を慎み、思慮を深め、一致点を見つける努力が望ましい。今の宮家の現状を考えると、長期的には、上の全四策によって皇族の範囲を拡大しなければならないと思う。その際の留意点が三つある。

第一、皇位継承者は、皇族から選ばれねばならない。それが道鏡事件の時の和気清麻呂公の問題であった。上記の（3）の旧宮家の復活は、占領政策による特別な事情によるから、特別に考慮してよいと思われるが、古来一旦臣籍に降下された家系の方の皇族への復帰は、厳に慎まれてきたという歴史的信条がある。これへの例外を認めるには、考え方と踏まれるべき公的手続を慎重に検討しなければならない。

（追記、本論執筆時、私は大正九年の「皇族の降下に関する施行準則」を知らなかった。その後宮内庁の参考資料を読み、所見を本書の前二章及び内閣官房での所見に修正した。）

第二、皇室典範は、皇族には養子を認めないとしているが、これは一定の手続と一定親等内の皇族ないし旧皇族の範囲に限って承認してもよいのでないか。いかなる原則も常に例外に配慮する必要がある。日本の大抵の家系や氏族は父系であるが、殆どの家が、五世代くらいさかのぼれば一度位は、娘に婿養子を迎えて家督を相続してきている。一夫一婦制の下では、それが常態である。王位継承でも、この経験法則に配慮せねばならない。

第三、もし直宮家に皇位継承者がお生まれでない場合には、母系（女系）の宮家を認めることも考えねばならない。その時は、父系（男系）・直系・年齢等との優先順位が問題になる。それは慎重な吟味を要する。権力欲の抑制には皇位継承順位が重要である。有識者会議の第一子優先の提言は、そのためであったかも知れないが、わが国では兄弟姉妹の間では男子優先の伝統は依然強い。総じて、これらは皇位継承の順位の問題であって、その慎重な検討が望ましい。しかし血統や親等だけで順位が決められない場合、一定の手続による選出という問題にも対処しなければならないかも知れない。

また、母系の宮家を認めると、宮家の数が急増することを心配をする人もあろう。そのため、宮家の継承の仕方に一定の条件を定めることができるであろう。この点についても、新宮家の承認なども、その確認に適切な場は現在の制度では「皇室会議」であろうが、そこでの手続き等にも、構成員や手続規定には改正を要する点があるように思われる。

以上、私には現在急がねばならないのは、女帝をお迎えする用意をするという一点と、皇室会議の任務の拡大と改革である。政府や国会も、最低一年をかけて、さらにわが国の歴史や内外の王室制度に詳しい方々の意見を聞き、皇室会議を中心とする制度の整備をはかって頂きたいと切望する。

四　内閣官房の諮問事項についての所見

1　皇室活動の意義

皇室活動の意義をどう考え、いかにうけとめているか。

立憲君主制下の君主・王族の役割と意義を、カール・レーベンシュタイン教授は名著『君主制』（一九五二、邦訳一九五七）の中で、下の六点に要約した。わが国の天皇皇后両陛下と皇族方は、現行憲法の下で、その要請を見事に果されている。

①国家と国民統合を象徴的に具現する。

②政治家の権力欲を制御する。

③外交の連続性を保つ。
④（軍・行政府・司法・議会間の）政治的調整力として働く。
⑤官僚制の効率の基盤となる。
⑥軍とくに将校団の忠誠心の支柱となる。

これを実現する基礎は、国民との間の信頼と皇室への敬仰の念であるが、現在、陛下の祭祀の御奉仕・国事行為・各地での公式行事へのお出まし等や皇族方の同様の御活動は、疑いもなく国民の敬仰と信頼の根源であり、余事をもって代え難い役割を果されている。(1)

2 皇室の御活動の維持と皇室典範改正の緊急性

今後、皇室の御活動の維持が困難なこと、特に皇室典範改正の必要性・緊急性が高まっていることをどう思うか。

宮家がなくなれば、わが国の立憲君主制の根幹をゆるがす、ゆゆしい事態となる。そうならぬため、一定数の宮家を確保できる制度の工夫が要る。そのためまず、緊急性の高い典範の条文を改正し、次に、付帯決議をつけて、時間をかけて討議すべき課題には、数次の改正を検討する調査会の設置を推奨する。理由は、現皇室典範には早晩改正すべき問題点があるからである。例えば、明治旧皇室典範の下で、明治四十年の増補と大正九年の「皇族の降下に関する施行準則」で定めたような問題への配慮がない。

3　女性皇族に婚姻後も皇族の身分を保持いただく方策その他

皇室の御活動維持のため、女性皇族（内親王・女王）に婚姻後も皇族の身分を保持いただく方策につきどう考えるか。他に採りうる方策があるか。またそうした方策につき、いかなる見解を持っているか。

対策は、緊急策と中期策と長期策に分けて考えるのが適切である。中長期の方策については、問題点の指摘にとどめる。

(1) 緊急方策

①内親王・女王を当主とする宮家の創設を、皇室会議の議をへて、認め得るよう、第十二条及び関連する他の条項を改正することに賛成する。

（他の取り得る方策についての所見）

②皇籍を離れられた内親王や女王に、皇室会議の議をへて、その称号を保持し、皇室の活動への協力を要請できるようにすることに賛成する。（明治皇室典範の第四十四条

「皇族女子ノ臣籍ニ嫁シタル者ハ皇族ノ列ニ在ラス　但シ特旨ニ依リ仍《なほ》内親王女王ノ称ヲ有セシムルコトアルヘシ」の後段の趣旨と同様）しかしこの方策は、前項①に代わるものではない。

③昭和二十二年占領軍の皇室財産の凍結等により皇籍離脱を余儀なくされた「旧皇族」の子孫の方々が皇族の身分に戻られ、元の宮家を復活する案は、緊急方策でなく中期方策として、他策と共に検討するのがよい。下記のごとき諸問題を慎重に検討しなければならないからである。

説明：緊急なのは、皇太子家及び現在の五宮家の断絶を極力防ぐことである。それが①及び次の中期策である。②は、女性皇族が結婚後も個人として元の称号をもって皇室の活動に参加される道を開く。②と③の実現のため、慎重に考慮すべき点を説明する。

（ア）古来「君臣の別」を乱さぬため、一旦臣籍に降下された皇族は皇族に復帰しないことを原則としてきた。（明治四十年典範増補第六条「皇族ノ臣籍ニ入リタル者ハ、皇族ニ復スルコトヲ得ズ」）ただ歴史上そうした前例は存在するが、例外中の例外で望ましい事例ではない。

（イ）明治四十年の増補と大正九年の「皇族の降下に関する施行準則」は、明治・大正の両天皇と当時の元老達が慎重審議の上定められたもので、数百年続いてきた世襲宮家ないし所謂「永世宮家」を終らせる手続と計算の仕方を定めた。それは占領政策とは一切関係がなく、尊重すべきだと考える。この準則を今までに適用すれば、「旧皇族」の御子孫で皇族であり得る最後の世代は、相当の年配者のみである。旧宮家の復活を考える際、この旧典範の増補と施行準則を無視して、現在及び将来の宮家を「永世宮家」と考えることが適当とは思えない。

(ウ) ただ女性皇族を当主とする宮家の創設は、歴史的に極めて稀有な宮家を認めることであるから、その視点で大正九年の準則を見直す必要がある。即ち、男系だけでなく、母方によって天皇につながる旧宮家を考えると、明治天皇及び昭和天皇の内親王が降嫁された元の朝香宮・東久邇宮・竹田宮・北白川宮の四家が現存する。それらの宮家の御当主は、内親王降嫁の時点から勘定し直せば、みな少なくとも四世以内であることになる。従って、大正九年の準則をこのように修正すれば、四宮家は皇族に復帰されてよいことになる。この趣旨をもって、新しく「平成の施行準則」を定めることが、中期方策論議の重要議題の一つである。

(エ)これに関連して、緊急方策①で述べた宮家のうち、内親王によって創設される宮家も、親王の場合と同様、現皇室典範での宮家である世代数は、大正九年の準則を当てはめれば、永世ではなく、二世プラス四世となる。王・女王の場合は四世までとなる。各宮家は、男女いずれかお一人が宮家を継承される。それ以外の方は、皇籍を離れられることになる。平成の準則は、これらをも定めねばならない。

(2) 中期方策 数年以内に成案を得べき項目のみを掲げる。

①上記の「平成の準則」を審議決定して、所要の皇室典範の修正と準則を定めること。

②各宮家に、皇室会議の議をへて、養子を認めるよう皇室典範第九条を修正すること。

③皇室典範に定めるべき、皇室会議が非常事態に対処できる「緊急事態処理の条」の案文をねること。

④必要に応じ、皇室会議に天皇陛下の御臨席を頂けるように皇室典範を改正すること。

(3) 長期方策 上記の決着の後、審議決定すべき項目。

①皇位継承の順位を現実的に定めるよう皇室典範を改正すること。

②憲法と合せ、皇室典範の全体を再検討すること。

説明：現在皇室において最も深刻なのは、これまで皇位継承を支えてきた側室制度が、天皇本家及び宮家になくなったことが提起する問題である。その上、明治・昭和の両典範とも皇族間の養子を禁止し、男系男子による皇位継承と宮家の継承を義務づけている。目下は、悠仁親王までの継承は確定していて、大きな不安はない。しかし現状のままなら、秋篠宮家以外の宮家は全部断絶が予想される。同様のことが、数世代のうちに天皇本家に起る心配をしなくてよいとは思えない。一部論者は、「旧宮家」の子孫の皇族復帰によって、将来とも皇統は継続できるというが、果してそうか。それは一時しのぎに終らないか。長期的には、この点の吟味が最重要である。それら論者の考え通り数宮家が皇族復帰されれば、当面は男系男子による皇統の継承に支障はないが、もう少し長期では、宮家の断絶は続き、皇統にも危機が再来しかねない。楽観は禁物である。

過去の二典範は、わずか二世代で行き詰まった。制度の設計には、都合の悪いことが起った場合にも対処できる工夫が必要である。大事なことは、本当は、まず長期見通しを考えて、それに対処できる制度を工夫し、しかる後に、短期ではその制度の適時適切な運用のルールをつくるべきなのである。大半の議論は、前より後ろを見すぎている。

4　皇族の身分を保持される女性皇族の家族の身分その他

女性皇族が婚姻後も皇族の身分を保持される場合、配偶者及び子の身分は皇族とすべき

か。その御活動はどのようなあり方が望ましいか。また改正後の皇室の規模はどのくらいがふさわしいか。

宮家の当主が、男性か女性によって、配偶者を含む全家族の身分等に何ら違いがあるべきでない。ただ、皇室典範の第一条が改正されない限り、女性当主の宮家の親王が皇位につかれることはない。それでも宮家であることに変りはない。

宮家の創立は、当然皇室会議の議を経なければならないが、重要なのは、配偶者の選定に万全の配慮が払われることである。

宮家の数は、側室のない現状の五は少なすぎ、七ないし十を目途とするのが適当であろう。それには婚姻のほかに、禁止をとかれるべき養子制度の賢明な活用が望まれる。

5　皇室典範改正に関する議論の進め方

皇室典範改正に関する議論の進め方について、今回、今後の皇室の御活動維持の観点に絞り緊急課題として議論することについてどう考えるか。

上述のごとく、それに賛成である。

6　今後とくに婚姻等になされるべき配慮

その他：女性皇族に婚姻後も皇族の身分を保持いただく場合、婚姻等が円滑になされるよう、どのような配慮が必要か。他に留意すべきことは何か。

皇室経済法や宮内庁全体とも関連するが、お働きに対する処遇、職場環境、補佐態勢等の整備が望まれる。また、婚姻等を含む宮家への補佐助成は、特に人事面が大切だと思う。

注

（1）ここに述べた立憲君主制の意義については、本書第八章の「君主制の擁護」ほか後篇の所論を参照にせられたい。またわが皇室の諸活動については、第六章の両陛下へのお祝辞を御一見願いたい。

五　内閣官房ヒアリング議事録

原室長　それではただ今より第四回「皇室制度に関する有識者ヒアリング」を開催いたします。

それでは、長浜副長官より一言あいさつをいただきます。

長浜副長官　本日はお忙しいところ、お時間を頂き、どうもありがとうございます。今回で四回目である当ヒアリングは、皇室の御活動の意義や女性の皇族の方に、皇族以外の方と婚姻された場合も御活動を継続していただくとした場合の制度の在り方等について、今後の政府における検討の参考とさせていただくため、開催するものでございます。

今回取り上げるテーマ、課題は、憲法や法律はもとより、わが国の歴史や伝統、文化等と深く関連する大変難しいテーマでございますが、各界の有識者の方から幅広く御意見をお伺いし、今後行う制度検討をより実りのあるものにしていきたいと考えております。どうぞよろしくお願いいたします。

（報道関係者退室）

原室長　まず、京都大学名誉教授の市村真一様から御意見をちょうだいしたいと思います。御専門は経済学でございます。三十分程度お話をいただいた上で、質疑の時間を取りたいと思います。よろしくお願いいします。

市村氏　本日この大変大事なヒアリングで意見を表明する機会を与えていただきまして、心より感謝いたします。私は経済学者でございますが、わが皇室の問題には、若い時から非常に強い関心を持っておりました。私の学生時代には経済学は近代経済学とマルクス経済学に分かれておりまして、大学一年生にとりましては、近経を取るかマル経を取るかが、大きな選択の問題でございました。私は恩師の青山秀夫先生や高田保馬先生の学説の方が正しいと考え、マルクス経済学は批判的に読みました。それが皇室の問題に重大な関心を持つ動機になりました。マルクス経済学者たちは、天皇制打倒を叫んでおり、私はそれに反対だったからでございます。

本日は、御質問を私なりに整理しまして、それに回答する形の報告を四枚用意しましたので、それに沿って意見を表明させていただきます。

最初に、わが国の現行憲法の下での皇室の御活動の意義をどういうふうに理解しているかという諮問でございますが、これは国家学・社会学あるいは政治学の分野におきまして、君主制対共和制ないし大統領制の議論として行われております。その中で私の勉強しました限り、最も権威のある研究者は、ドイツのマックス・ウェーバーの弟子でありましたカール・レーベンシュタインという学者です。この方は、ナチスドイツの台頭によりドイツから米国へ逃れ、オハイオ大学の教授として九〇年代に亡くなった方でございます。若きウェーバーの弟子として彼が書きました一九五二年の『君主制』という名著がございまして、それは幸い翻訳されておりますが、その中に君主制における君主の役割、あるいは王族の仕事の役割を、①〜⑥（本書五三—五四頁）の形に要約しております。

わが国の天皇陛下皇后陛下あるいは皇族方が果たしておられます役割も、この六つの中に言い尽くされております。繰り返しますと、国家と国民統合を象徴的に具現される、政治家の権力欲を制御する働きをされる、外交の連続性を保つ、軍・行政・司法・議会の間の政治的力関係の調整役になる、官僚制の効率を維持する基盤となる、軍特に将校団の忠誠心の支柱となる。この六つであります。

わが国の現行憲法は、軍との関係については若干通常の君主の役割とは違って規定しておりますが、それを除きますと、全くこれと同じ役割を、両陛下や皇族方は立派に果たしておられるわけでございます。この役割を果たし得るために一番大事なのは、国民と皇室との間の強い信頼関係と、国民が皇室に対してあつい敬仰の念を持っていることでございます。

それらは相互に関係し合っていますが、わが皇室と国民との関係は、国際的に見ましても実に見事なものでございます。それは歴代天皇はもちろん、今上陛下の大変な御努力の結果でございまして、心から尊敬申し上げている次第でございます。

なお、今後の皇室の御活動につきまして、だんだんと困難が起こっておりますことは、既に明らかでございます。今の皇室典範を改正しない限りは、宮家がなくなる事態であります。そこで、もしそうなりますならば、わが国の立憲君主制の根幹が揺らぐわけでございまして、天皇陛下とその御家族以外は、皇族がおられないという状況をもたらしてはならないわけでございますから、この緊急事態を救済する制度的工夫が要ることは明らかであります。

そこで、緊急の事態を救うために必要な法的措置を取ることに私は賛成でございます。それのみならず、少なくとも当分そうなった原因が再度起こらぬような対策をも合わせて考えなければなりません。ただそれは、一挙にはできませんので、数年間の時間をかけてやる「中期対策」のための調査会を設けるという付帯決議を付けるべきだ、というのが第二の諮問への私の所見でございます。

第三番目に、皇室の御活動維持のために、女性皇族が婚姻後も御活動できるようにする方策についての御質問でございますが、それにつきまして、提出いたしました書類に書いてございますように、皇室典範第十二条の改正によりまして、内親王あるいは女王を当主とする宮家の創設を可能にすることに、私は賛成であります。なぜならば、そうしない限り、全宮家が断絶するからであります。

それ以外の方策はないか、との問いですが、いくつか考えられます。その一つは、既に臣籍に降下された皇族方、あるいはこれからそうなされるであろう皇族方に対しまして、必要に応じて内親王殿下あるいは女王という称号を保持し続けられるような処置を取り得るように皇室典範を改正することであります。皇族方が、内親王あるいは女王の称号をもって皇族としての御活動に参画されることは、非常に適切であり、すべての方という意味ではありませんが、必要に応じてそのように取り計らい得るように、皇室典範を改正することが望ましいと考えます。

もう一つの方策は、昭和二十二年に占領軍の強制により直宮家以外の全宮家が臣籍に降下されましたが、その「旧皇族」の御子孫の方々がもう一度皇族に復帰せられて、元の宮家を復活することであります。そういう意見があることは御承知のとおりでございます。私は、今の緊急策としては、そうすべきでないという意見でございます。理由は、この方策には、吟味すべき問題がございますので、その論点を十分検討して、数年のうちにこの方策に関する結論を出して、適切に対処すべきだと考えております。この点に関しましては、いろいろ意見が発表されておりますので、それについての私の意見は、以下やや詳しく申し上げます。

「説明」でございます。今の皇室にとりまして緊急なことは、皇太子家及び今の五宮家の断絶を防ぐ対策を考えることであります。それは完全にはできないかも知れませんが、宮家をこれ以上減らさないようにする工夫が要ります。

既に方策①と②は申しました（本書五五―五六頁）。この②とさらに③を実現するには、実はいくつかの困難ないし問題点がございます。それらの論点の多くは、③を主張されておる方々自身が既に吟味されており、賛成の点も多いのですが、以下の点は、必ずしも明確に論じていません。特にそれが問題なので申し上げます。

まず第一に、一旦臣籍に降下された皇族の方が、その降下されました理由は何であれ、もう一度皇族に復帰することは、してはならないとずっと考えられてきたのであります。確かに、歴史上そうされた前例は数回ございます。そのことをもって、そうしてもよいのだという意見を述べられている方がありますことは御承知のとおりでございますが、それを認めるためには非常に注意深い前例の検討が要ります。

宇多天皇の時の事情を調べますと、藤原氏の専横その他がございました。細かいことは省略しますが、とにかく明治皇室典範の明治四十年増補に「皇族ノ臣籍ニ入リタル者ハ、皇族ニ復スルコトヲ得ズ」という規定が置かれておりますのは、そういう一つの歴史的教訓に基づいたものでありま す。したがって、皇族への復帰を主張する方は、この問題に関して自分の意見を表明しなければなりません。だが、その方々はこの問題を前例があるからあたかも無視していいと言わんばかりでございますが、私はそれほど単純な問題ではない、やはり数年間の専門家を含めた検討が要ると考えております。

第二に、実は明治の皇室典範は、明治四十年の増補と大正九年の施行準則によって修正されております。即ち明治皇室典範は大正九年の施行準則までを含めて考えなければなりません。大正九年ですから、占領政策とは何の関係もなく、しかもそれは明治天皇と大正天皇の御意向が十分に反映せられているものであります。その内容が特に重大な理由は、それが各宮家の皇族方が皇籍を降りられることに関する準則だからであります。即ち、占領軍の強制の以前に、元の皇室典範は、いかなる状況下で、皇族が皇族をやめられなければならないかを規定していたのであります。占領政策による皇籍離脱を否定する論者は、さらにそれ以前の大正九年の施行準則の考え方を採られるのか、採られないのか、の判断を示される必要がありま す。私の知る限り、旧宮家の子孫の皇族復帰を主張しておられる方で、この点に関する意見を明確に表明された方はありません。これは非常に重要な論点であります。わが国が自主独立の立場で決めていた原則を無視することは適切とは思いません。

しかし、では元へ戻ればよろしいか。大正九年の施行準則を戦後も維持するだけでよいのかというと、実は私は、そうではないと考えます。ここが一番私の申し上げたい点でございます。

この点に関連して、いろんな方が新聞雑誌上で発言された議論には、多くの誤りがございます。もし占領政策で追放せられた宮様方は、全く占領政策がなければ、旧皇族の御子孫として全部今でも皇族であった筈だと俗に思われておりますが、それは間違いであります。大正九年の施行準則を守りますならば、現在の旧皇族の御子孫の方で、なお皇族であり得た方もいらっしゃるかもしれませんが、正確には調べておりませんが、それは七十歳くらいの御老齢の方に限られております。現在でも旧宮家として続いておったのは、竹田宮家、北白川宮家、東久邇宮家、朝香宮家でございます。現在その宮家の御子孫に若い男性もおられますが、その方々は、占領政策がなくても、大正九年の降下準則を守れば、今は皇族ではありません。

ところが、実は次の二点に関しまして、非常に難しい問題があって、数年間の討議と研究が必要なくらいに議論を尽くさなければなりません。それは、一方で、私どもは内親王殿下が本来ならば、第十二条で臣籍に降下せられて皇籍を離れられるという現在の皇室典範を改正して、皇族にとどまられる道を開く提案をしているわけでございます。もちろん大正九年の降下原則では、その原則は元のままでございます。ところで、明治天皇の内親王殿下が四方、竹田宮家・北白川宮家・朝香宮家・東久邇宮家に、昭和天皇の内親王殿下がお一方、東久邇宮家に降嫁せられております。その方々のお子たちは、母方からみますと、内親王殿下の御子でございますから、天皇陛下のお孫さんでいらっしゃいます。勿論宮家に嫁いでいかれたのでございますから、終戦の時までは皇族でおられたのですが、大正九年の準則では、女性皇族のお孫さんであるという点は配慮されませんから、御降嫁後の世代数は考慮されず、現在の御子孫は皇族ではないことになるわけでございます。今回の提案は、母系の皇族を認めるのでありますから、ここはボーダーラインでございまして、大正九年の降下準則も見直すのがフェアではないかと私は思う次第であります。そこで私どもが真剣に考えて討議をしなければなりませんのは、明治天皇と昭和天皇の内親王殿下が降嫁せられました朝香宮家・東久邇宮家・竹田宮家・北白川宮家の四宮家を宮家として復活することが妥当であるか否かということであります。

先ほどの①の提案を認める限りにおきましては、やはりそれも検討すべきである。今直ちに無条件に認めてよいと、私は申し上げるだけの自信はございません。そのためには、歴史的にも、いろいろ調べなければならないこともあり、各宮家の現状もわかりませんので、やはり数年間の検討を要すると思います。この議論は殆ど行われておりません。これは大事な点でございます。非常に悩ましいのは、先ほど申し上げました、一旦臣籍に降下された皇族は、二度と皇族に復帰してはならないという方の原則とは矛盾することであります。この矛盾をどのように考え、どのように解決することが正しいかに関しましては、私は現在私自身の意見を申し上げるのは適切でないと思いますので、差し控えますが、そこが一番の問題点ではないかと考えております。

したがって、宮家の復活という問題は、緊急処置としては取るべきではない。中期の対策、中期というのは数年以内、大体二〜三年を念頭に置いておりますが、時間をかけてしっかり検討して、そして結論を得て、この問題の解決を図るべきであると思います。私はできる限り首尾一貫した議論を致しまして、そこで平成の準則とでも言うべき、皇籍を離れられる新しいルール、新しく皇族に認められるためのルールを決めるべきであると思っております。

大正九年の降下の施行準則を何度も読み返しましたが、実によく考えられておりまして、例えば竹田宮家なら竹田宮家という宮家の御子孫は、男の子がたくさんお生まれならば、竹田宮家からいくつもの宮家ができるのではなくて、竹田宮は一人しか継承されないのです。三笠宮家は直宮家でいらっしゃいましたから、高円宮家や桂宮家ができましたが、永世宮家としてずっと続いてきた宮家は、長子系のお一人が継承されたのです。大正九年の施行準則はそれを守っております。したがって、平成の準則もやはりそれを守るべきだというのが私の意見でございます。これは重要問題でありますが、私の知る限り、公表された議論はありません。

中期の問題につきましては、議論をせずに項目だけを申し上げます。皇室典範に定められるべきことの中に、実は明治の皇室典範にも昭和の皇室典範にも欠けているものがあります。その一つは、緊急事態が起こったときに、どういう処置を取り得るかの規定が全くありません。例えば大地震が起こって大多数の皇族方が亡くなられたとしますと、どうしたらいいか、何も規定はない。一体どこが決めるのか。戦前でございますと枢密院がございまして、戒厳令下においても枢密院が議会を開催せずに決め得た。今はそんなものはございません。今の皇室会議というのは、昔の枢密院と皇族会議の中間みたいなものでございまして、何かそういう緊急事態に対応できる条項があれば、それによって皇族の問題も決め得るわけであります。そういう工夫が一つの課題であります。

もう一つは、養子を認める問題です。明治の皇室典範も昭和の皇室典範も、天皇及び皇族は養子をしてはならないという規定がございます。ところが、明治以前の歴史を見ましたら、宮家も皇家も養子をしておられます。必要に応じて養子をずっと続けてきておられる。養子をやめられたことはありません。養子禁止の理由づけの解説を読みましても、十分に納得できない。したがって、養子制度を認めなければならないと私は考えております。また多くの方の意見でもあります。これが重大問題なのは、今は側室制度はないわけでございますから、養子をしなかったら、すべての家は早晩必ず断絶するのです。歴史上のいかなる家でも養子をもらうことなしに家系が継続したことはなく、そんな前例はありません。どんな名家も必ず養子をしています。ただ、養子制度には、いろいろ難しい問題が関連してきます。よって、数年をかけて論議を尽くすべきだと考えます。

最後にもう一つあります。皇室会議には、天皇陛下が御出席にならないということになっております。皇室会議は、昔の皇族会議と枢密院をくっつけたような格好でございますが、皇室会議には陛下がお出ましでなくても構わない場合もありましょうけれども、皇族の身分を決める時、特に皇籍を離れたり、新しく入るという時、やはり天皇陛下がおられるのが筋ではないかと思います。この点も検討が必要であります。

最後に長期の問題ですが、実は私が思いますのに、今の皇室の問題が起ります一番の根っこは、側室がなくなったことから発する問題があります。皇太子殿下のところには愛子様という女性しかお産まれでなかった。そうすると今の皇室典範の規定であれば、皇太子家はそこで断絶するわけです。普通の世間でございましたならば、婿養子を迎えて皇太子家は続くわけであります。そのような問題をどのように考えていくのがよいのかということが長期的な問題として非常に重要でございます。

現在は秋篠宮家の悠仁親王殿下がいらっしゃいますから、そんなに緊急に皇統断絶というわけではございません。しかしながら、側室なき皇統と各宮家の家系の維持という問題は、性質が同じでございます。これは長期の問題でございまして、これを一時しのぎで何々宮家を復活できたところで、根本的な解決にはなりません。制度設計の上から考えますと、そもそも論理は逆転しています。当面の対策を講じるのに何をするかということではなくて、長期展望をまずつくって、その長期展望の下での大きな枠組みをつくって、それを今の事態にどう適用するか。十年後くらいまではどういう風に適用するか、考えるべきです。十年くらいは見通せますから、そういうことを考えるのが、本当は制度設計の正しい考え方でございます。

率直に意見を申し上げますと、明治の皇室典範を作成した時にも、昭和の憲法や皇室典範を作成しました時にも、長期展望という視点は実は非常に薄かった。それが今日のような事態をもたらしている原因でございます。両者とも、たった二世代しかもたなかった。明治の皇室典範は明治四十年、大正九年に既に大修正が行われました。昭和の皇室典範は占領軍の強制で無理やりつくったものですから、例えば先ほど申し上げましたような永世宮家制度というものを一旦否定しておったわけですけれども、今の皇室典範は、それをそのまま維持するかのごとくできていますから、それには欠陥がある。その欠陥を直さなければなりません。しかし、それには慎重な専門家の真剣な議論と、心からの愛国心が要ると思うのであります。以上、簡単でございますが、終わります。

〈質疑応答〉

原室長　どうもありがとうございました。それでは、ただいまの市村様からの御説明に対しまして、御質問等がございましたら、よろしくお願いいたします。

齋藤副長官　どうもありがとうございます。副長官の齋藤でございます。先生の今のお話の中の最後のお言葉が、まずは長期的な立場に立ってということで、胸に迫るお言葉だったと思いますが、今回のヒアリングについては、象徴天皇制度と皇室の御活動の意義から始まりまして、天皇家の御公務が多岐にわたりながらということで、来られた方々については、それはそれでしっかりと整理をして進めるべきだといったことは大体共通としてお答えいただきました。

今、私たちもヒアリングを受けて、これからさまざまな検討をしていくことになると思いますが、今のお話ですと、むしろ進め方として長期的な観点に立って、国民的な議論をすべきであると受け止めるべきなのかなと思っておりまして、ここら辺の国民的な議論にしていくという意味で、全部の国民の方がどう思うかは別にいたしまして、そういう共通認識にするための努力をしなければならないと思っております。現時点でいいますと、天皇を始めとして皇族の方々の御公務が非常に多いことと、女性の皇族の方々がたくさんいらっしゃって、その後のことが心配であるということで、今回のヒアリングになっているのですが。私たち内閣に対して、むしろ順番が逆ではないかという、くどい聞き方ですが、むしろそういうふうに受け止められるのですけれども、再度これからの進め方も含めて、大変重要な部分だと思いますので、これからの展開の仕方も含めて、御示唆をいただければ、ありがたいと思います。

市村氏　最初に申し上げましたように、緊急な事態が起こっていることは確かでございます。しかもそれは、必ずどうなるという見通しが十分に立っているわけです。ですから、現行の皇室典範に欠陥があることは明らかでございますから、その緊急の事態を救うための提案がまずなされなければならないということに、私は賛成で、そのとおりだと思います。

しかし、それをやったらもう何年も、せめて四～五年の間は大丈夫かというと、そうではないと思っておるわけでございまして、例えば旧宮家の御子孫の問題のようなものに対して、どういう考え方をして、どういう態度を取るのかを、当局者として、学者として、あるいは国民の意見として、少しオープンにして、調査会なりで何回かの報告書を出して、こういう意見とこういう意見があるけれども、こちらの方が妥当ではないかと、恐縮ですが、あまりジャーナリスティックでない形で、議論することが望ましい。

できれば、学問的にしっかりした人の意見を踏まえて進めてほしい。私の専門の友人たちに聞きますと、歴史上のことに関しても事実を誤認した議論もかなりあるようです。そういうことに関しても、問題点を一つ一つきちんと整理した報告が出されなければならないと思っております。必ずしも政府がじかにやらなければならないことかどうかは問題でございますけれども、今回の緊急のことだけやって、それで終わりにせず、付帯決議を付けて調査会を設けて、そういう研究調査を続行するということが望ましいのではないか。何と申しましても、皇室と国民の間の信頼関係が崩れてはなりません。恐縮ですけれども、最近は非常に激烈なえげつない表現で討論される方もおられます。そういう口調は極力避けて、余りジャーナリスティックでない形でのしっかりした意見の発表が望ましいと思います。

実は大正九年の施行準則は、私も宮内庁の参考資料で初めて知ったのです。かなりの専門家も実は知らなかった。同様なことが、他の歴史上の事実などにも幾つもあるかも知れません。知ったかぶりをしてと言うと悪いのですが、一部の学者の書いていることは、専門家に細かく聞きますと、実は非常に誤解を起こしやすい議論になっています。そういうことのないように責任あるきちんとした報告が望ましい。さもないと、事実に関するいい加減な知識を基礎に重大な問題を判断する恐れがあります。是非慎重な議論のできる体制をつくっていただけたらと思っております。

竹歳副長官　先生が平成の施行準則という提案をされて、旧宮家十一宮家ではなくて、そのうち四つにそういう道を開いてはどうかと御提案をされました。女性を当主とする宮家の創設について反対論者は、全くの民間の方が皇族になられるよりは、十一宮家の四を除いた七つの方も、より血統がつながっているのではないかという御議論があるのでございますけれども、そこはどうお考えでしょうか。

市村氏　内親王殿下や女王殿下が結婚せられるお相手をどのように決めるかということは、極めて重大な問題でございまして、誰でもよいというわけにはいかないと思います。元の皇室典範を見ますと、内親王殿下が結婚せられるお相手は皇族もしくは華族でなければならないと書いてあるわけです。これは結婚の自由とか何とかに反するわけですが、ノーブレス・オブリジェ（貴族の責務）という言葉がございますけれども、重大な任務を担う人には、それだけの責務があるというわけでございます。特に御質問への回答は、女性皇族の御婚姻への配慮などについても、最後の方で書いておりますが、今日は読み上げませんでした。お相手をどう選ぶか。その体制をどうするか等は、法律で規定するべきことではなくて、むしろ側近と御本人の自覚によって決められるべきものでございましょうか。東宮大夫というポストが今もございますが、かつて小泉信三先生が重大な役割を果たされましたように、そういう立派な方が皇室をお助けになることが非常に大事だと思います。

私は決して、内親王殿下が一民間人と結婚せられて、宮家になるということに問題はないとは思いません。法律の文面になくても、それは、日本国民と関係者の良識に従って判断せられるべきものだ、と思います。法律に書きますと、いろいろな支障も起こります。そこが賢明な国民と側近者の判断ではないかと思います。

それと関連しまして非常に重要なことは、皇位継承の順位という問題です。これは人々は余り議論をしておりませんけれども、今の皇室典範でも明治の皇室典範でも、それが規定しているような順位で、例えば東久邇宮家のあるお方と昔の賀陽宮家のお方と、どちらが先に天皇になられるべきかの順位を決めようとしても決まりません。それは皇位継承の順位を血統だけで決めることは、三代、四代の間なら決まりますが、二百年前に遡及して云々で決まるか。それは決まらない。それをきちんとする必要から、大正九年の施行準則ができたと思います。

いま申していますす問題も、お相手が誰かによって皇位継承の順位が変わる面があると私は考えます。これは西洋の君主制の議論の中でも出てまいります。イギリスの女王様の旦那さまはギリシャ人ですから、そういうときの順位は難しい。幸い日本には、それほど複雑な問題はございませんけれども、決してお相手が関係しないわけではない。しかしそれは長期の問題で、相当の年月をかけて細かい議論をしませんと決まらないのではないかと思います。

明治の皇室典範も昭和の皇室典範も、大急ぎで突貫工事でつくったもので欠陥は多々あると思います。我々は協力して、そこをよくしていかなければいけません。実を言うと、我々学者も、私はこういうことが専門ではないのですが、専門であったはずの学者の先生も、きちんとやってこられなかったのではないでしょうか。これからでも、一部の方の心配されるようなことが起こらないように、お相手を決めて頂けるように御協力を申し上げ、またそうお願いしたいと思っております。

園部参与　市村先生は緊急方策、中期方策あるいは長期方策と、先を見通して計画を立てるべきだとおっしゃるわけですけれども、いずれにしても常に先の見通しを立てるということも必要ですが、実は緊急にやらなければならないことがいろいろとございます。現在の課題は割合限られたことですが、この先にいろいろとございまして、それは確かに先に延ばしていくうちに、本当に先に延びてしまうわけです。

今やらないといけないことは、正直言って女性皇族の問題だけではなく、おっしゃったように、既に明治以後、いろいろと考えていたことをとにかく逃げないで考えていかなければなりませんが、中期方策、長期方策というものは、どのような機会にどういうタイミングで始めることが望ましいと思われますでしょうか。

市村氏　私は女性皇族を当主とする宮家を創設し、一部の旧皇族方が協力できる体制をつくるという①と②のこと（本書五五頁）は十二条の改正ないしは修正によってできると考えます。それをまずやりまして、しかる後、平成の準則をどういうふうに決めるのかは、二〜三年はかかるのではないかと思います。それには、皇族方の現状も踏まえなければならないでしょうが、週刊誌などに多少出ておりますが、そういうのは信用できません。考え方を整理してみるだけでも、少なくとも一年くらいはかかると思います。遅らせてはいけませんが、二、三年、政局も動揺するでしょうから、それくらいの感じでございます。

園部参与　それはよくわかりました。もう一つだけ、養子の問題でございます。いろいろなところからいらっしゃるわけですけれども、現在の皇室に、皇太子御一家、秋篠宮家、常陸宮家、三笠宮家、寛仁親王家、桂宮家、高円宮家があるわけですね。そこに養子が見えた場合に、その養子の班位（順位）はどうなりますか。

市村氏　養子はどちらかお一人が皇族でないと、宮家の継承はできないと思います。

園部参与　そうすると、必ず皇族、旧皇族から選ばなければならないということですか。

市村氏　そうだと思います。ただし、内親王殿下が元の皇族であった方の御子孫という方と結婚せられる場合は、それは宮家に違いは生じないと思います。

園部参与　そのときには班位は、養子となる前のお立場での順番で行くのか、養子となった後の皇族としての順番で行くのでしょうか。

市村氏　それは女性を当主とする宮家を承認する限り、その女性当主の宮家だと思います。

園部参与　それは別に結婚でなくても、養子は認めるとおっしゃるのでしょう。

市村氏　結婚しなくて、例えば常陸宮家のように子どもさんのないお方がだれか皇族の方を養子にすることは許されるだろうとは思っておるのですが、それは私の考えです。

園部参与　養子にいらっしゃった皇族、旧皇族でも、それは順番としては常陸宮家になるのかどうか。

市村氏　先ほど申し上げましたように、結婚を経ずに皇籍を一旦離れた方が皇族に復帰するという問題に絡みまして、相当議論を尽くさなければならないと思っております。

園部参与　わかりました。どうもありがとうございました。

原室長　お時間がまいりましたので、この辺で終わらせていただきます。では、最後に齋藤副長官より一言あいさつをいただきます。

齋藤副長官　本日は大変御多忙のところをありがとうございました。貴重なお話として中長期的な観点からの御考察を含めて承らせていただきました。今後の政府の検討に預からせていただきたいと思います。本当にありがとうございました。

六　今上陛下と皇后陛下への御祝辞

これは、平成二十一（二〇〇九）年の御祝典に際し、日本会議の依頼により執筆し、同年『日本』誌と『弘道』誌に掲載されたものである。

本年は、今上陛下の御在位二十年と、天皇皇后両陛下の御成婚五十年が重なるお芽出たい年であります。ここに本誌の全読者と共に、心よりのお祝辞を申し上げる機会を与えられ、洵《まこと》に光栄に存じます。

想い起せば、両陛下とも昭和の初年、わが国歩の艱難なりし頃にお生まれになり、戦時中及び戦後の苦難を我々国民と共にされました。その七十余年の御生涯は決して平安ではございませんでした。それは未曾有の大戦争であり、しかもわが国は敗戦、占領は七年に及びました。陛下には、その悲運に耐え、また戦後復興に辛苦する日本の皇太子としての御心痛は、いかばかりであったかと恐懼いたします。また皇后陛下には、この五十年間、よく陛下とその御苦労を共にし給いました。

もとより、この国難の超克を国民の先頭に立って御導き給わりましたのは、昭和天皇でございましたが、その御晩年よく御輔佐されましたことに深く感銘しております。殊に昭和天皇の御製に、

思はざる　病となりぬ　沖縄を
たづねて果さむ　つとめありしを

との沖縄への御思いを、代ってお果し頂きました折の御姿は、深く脳裏に刻まれて忘れられません。

しかし昭和三十四（一九五九）年四月十日には、嬉しいことがございました。その頃、私共は大阪府茨木市に住んでおりましたが、当時は日教組の影響で、国旗国歌に反撥する空気が強く、祝祭日に旗竿を門前に出す家はちらほらしかなかったのです。ところが、この朝、旗を持って自宅前に出た私は、思わず息をのみました。なんと、隣近所の家々が全部国旗を掲げていたのです。それは、昭和二十年以後絶えて見なかった光景でした。疑い

もなく、国民の圧倒的多数が、皇太子殿下と美智子妃殿下の御成婚を喜び慶祝の意を表明していたのです。やがて優雅な馬車の行列に熱狂する東京都民の様子もテレビに映し出されました。ああやはり国民の皇室に対する思いは変っていないなあ、と喜びがこみ上げてきました。

爾来五十年、内外に大事件が続発しました。わが国こそ直接戦争に巻き込まれず、六〇年代は高度成長し、七〇年代には世界の経済大国と言われるまでに復興しましたが、世界に戦乱と紛争は絶えませんでした。アジアでは、朝鮮戦争の停戦した五三年から一年も経たずに、ベトナムで独立戦争が始まり、それは七五年まで二十年間続きました。シナ大陸では、四八年の共産党政権成立後も内戦と内紛が七六年の毛沢東の死去まで続き、新中国の発展が軌道にのったのは、七八年末の鄧小平の改革開放宣言以後でした。

わが国も、七、八〇年代には、二度の石油危機、日本の頭越しの米中接近、米ドル為替交換率の自由化、バブル経済の崩壊等に苦しみ、高成長は頓挫し試練の時代に入りました。幸い八〇年代末、ゴルバチョフ改革とソ連崩壊により、米ソ対立の冷戦が終りました。大戦争の終結に匹敵する大変動の渦中に、先帝陛下は崩御せられ、今上陛下が御践祚されました。まさに波乱万丈の海への御船出でございました。

その直後、日本経済は失われた九〇年代と言われる長期不況に入り、九七年にはアジア諸国に金融危機が起りました。折しも戦後も半世紀となり、数百万の遺族遺児も年老い、少子高齢化のすすむ社会には新課題も生じて参りました。また各地に天災も相つぎました。陛下は、そんな状況下の日本丸の上で、国民統合の中心にお立ちでございました。

報道を拝見しますと、陛下の御日常の政治文化科学の諸分野や賞勲などに関係する国事行為だけでも、実に多いのに驚きます。その上、陛下には年間を通じ多くの祭事をおつとめであります。それこそは、建国以来皇室が最も大切にされ、国の繁栄と民の幸せと世の平安を天神地祇に祈願されてきた崇高な伝統であります。すべてを合せれば、御高齢の陛下には御負担の重いことと案じ申し上げております。

その御多忙のなか、両陛下には、先の大戦の激戦地へ次々と御巡拝になりました。陛下のお言葉に、

「私どもは十年前、終戦五十年に当り、先の大戦で特に大きな災禍を受けた東京・広島・長崎・沖縄の慰霊の施設を巡拝し、戦没者をしのび、尽きることのない悲しみと共に過してきた遺族に思いを致しました。また、その前年には小笠原を訪れ、硫黄島において厳しい戦闘の果てに玉砕した人々をしのびました。この度、海外の地において、改めて先の大

戦によって命を失ったすべての人々を追悼し、遺族の歩んできた苦難の道をしのび、世界の平和を祈りたいと思い、終戦六十年に当たり、サイパン島を訪問いたします。……私ども皆が、今日のわが国が、このような多くの人々の犠牲の上に築かれていることを、これからも常に心して歩んでいきたいものと思います」

と仰せられました。

硫黄島での御製と皇后陛下の御歌、

精根を　込め戦ひし　人未だ
　地下に眠りて　島は悲しき

慰霊地は　今安らかに　水をたたふ
　如何ばかり君ら　水を欲りけむ

を拝し、陛下がぜひ訪米の前にと御希望だったと承り、私は涙を禁じ得ませんでした。

また、両陛下は、震度六以上だけでも、秋田沖・長野西・北海道東方沖・三陸沖・阪神淡路・新潟・鳥取西・岩手宮城・十勝沖・新潟中部・福岡玄海島・中越沖等多くの地震の被災地を訪ねられ、悲嘆困窮している人々を慰め励まされました。

幾すじも　崩落のあと　白く見ゆ

はげしき地震《なゐ》の　禍《まが》うけし島
六年《むつとせ》の　難《かた》きに耐へて　人々の
築きたる街　みどり豊けし

の御製や御歌に、どれだけ多くの被災者が慰められ、復興に励んだことでしょうか。

また陛下は、しばしば外国を御訪問になり、多くの外国の元首や、政府首脳を皇居に招いて国際間の友好親善におつとめになりました。それが宮廷外交として有意義なだけでなく、親しく皇室の方々に接した人々にとって大きな感動であることを、マレイシア国王やインドネシア大統領と同席させて頂いた折にお聞きしました。

陛下の足跡は、世界の僻遠の地にまで及びました。いま戦火にまみれておりますアフガニスタンにも御足を運ばれたことは、次の皇后陛下の御歌が私共の記憶を新たにしてくれます。

バーミアンの　月ほのあかく　石仏《せきぶつ》は
御顔《みかお》　削《そ》がれて　立ち給ひけり

そのアフガニスタンの現状は、私共の深く憂慮するところであります。また今の世界大不況の前途も楽観を許されません。

だが心配は、外国だけでなく、国内にもあります。過去にも近年も、慎みに欠けた無責任な言論が、時として皇室にまで及んでおりますことを、私共は頗《すこぶ》る遺憾に思います。その大半は、所謂コマーシャリズムに毒された軽薄な知識人の不用意な発言でありますが、それは日本の健全な良識に照して、明らかに礼を失しています。もとよりわが国の皇室は、長い歴史の波乱を越えて、日本国民統合の中心であられ、国民は皇室を仰いで団結し、国を発展させてきました。我々の祖先は、お国のためとあれば、

けふよりは　かへりみなくて　大君の
　　しこのみ盾と　出で立つわれは

と歌って、進んで防人《さきもり》となりました。わが国は、そういう大君に忠誠な、お国思いの国民が、皇室と共に力を合せてつくりあげてきたものであります。いまのわが国の法制と皇室をとりまく事情には、いろいろ検討すべき課題がありますが、それを一論者がジャーナリスティックに論じるのは適切でありません。そのためには、わが国の歴史をよく学んだ者が、真に国を愛する至誠を傾けて、協力して叡智をしぼるような機関を国家が整備して、真剣に取組むべきでありましょう。

勿論、世界の情勢も国内の事情も変化します。変の至るや知るべからず、とは先賢の警

めであります。たとえどんな時世や事態になりましょうとも、私共は、皇統の永続と皇室のいやさかえのため、我々の知識と経験のすべてをあげ、微力を傾けて努力する覚悟であります。いまの世界の中で、わが国と我々国民が皇室を仰いで今日このようにあることが、どんなに幸せなことかは、戦後六十数年の経験からも痛感致しております。

ここに、陛下の二十年にわたる御治世に心より感謝の誠をささげ、両陛下の御成婚五十周年の佳き年に御祝辞を申し上げ、両陛下の御健勝を心より祈念し奉ります。

七　〈所功教授との対談〉皇統の永続のために

1　日本の君主制が変わる重大な時期

市村　最近、皇室典範の改正問題で内閣官房のヒアリングに呼ばれまして、私もいろいろ所見を述べました。他の方のヒアリングの記録も拝見しまして、私が一つ驚いたことは、殆どの方が皇室の御活動に心から敬意と感謝を表しておられたことです。内閣官房の最初の諮問が、「皇室の現憲法下での御活動をどういうふうに認識していますか」という質問でしたが、それにすべての出席者が、君主として非常に立派な活動をしておられると思うと述べられました。このことは、読売新聞の小松夏樹編集委員も書いておられました。私は戦後六十七年生きてきた一人として、いわゆる「天皇制」への反発が非常に強かった時期をよく覚えておりますが、やはり一つの大きな時代の波が終ったなと感じました。もちろん呼ばれた方の所見ですから、世間全体に反発がなくなったとは思いませんが、報告者の言葉にその種の風潮への気遣いがなくなったと感じました。

所　そうですね。

市村　もう一つの所感は、それとは逆に、安泰なように見える日本の君主制が、いま大きな転換期にあるという認識です。これからのお話とも関係しますが、外国と比べますと、わが国は外敵との争い事が少なかった国だと思います。米国のハーバード大学で日本経済史のヘンリー・ロソフスキー教授と話していた時、私が「日本の二千年の歴史の中には、多くの困難な時代もあった」と言いましたら、彼が鋭く遮って――教授はロシア系ユダヤ人ですが――「いや、日本史上の困難や危機などは、我々の歴史と比べればバブル（泡ぶく）みたいなものだ」と言い放った。私が「バブルではない、朝鮮での白村江の大敗も元寇（蒙古襲来）も今回の敗戦もあった」と反論したら、「恐らく最大の国難は元寇と今度の敗戦だ、それを除けば、日本の歴史は実に平和なものだった」と、彼は繰り返した。そりゃ、旧約聖書に書かれているユダヤ人の歴史と比べれば、日本が地理的位置と天然資源と多くの幸運に恵まれたことは明らかです。しかし日本の建国以来ずっと続いてきた君主制が、幾度か危機に直面したことも事実ですし、今もそうだと思うのです。多くの同憂の方々の意見がすぐ一致とは行きませんから。

近年の皇室典範の改正論議は、日本の君主制が変らなくてはならない大事な時期に来ていることを示しています。昔つくられた法体系がいま現実に生じた課題を処理できなくなっている。それをどうやって克服するか。新しい制度をどう設計するか、が問題なのです。それには、一つ一つの問題点を、歴史の経験に照らして検討もし、また歴史経験で足りなければ、新制度も工夫しなくてはなりません。

実は、その歴史経験で今の課題に関係する出来事について、一般に考えられていることが必ずしも正しくない点があります。今日は、そういう疑問点を一つ一つ取り上げて、それを歴史家で、皇室制度史が専門の所教授にお尋ねをして、疑問を解いていきたいと思っています。

2 市村真一先生・田中卓先生との出会い

所 よろしくお願いいたします。いま先生がおっしゃったことに関連して、私なりに申し上げます。市村先生は今年八十七歳になられ、私は満七十歳になりました。十数歳上の大先輩です。私が大学に入りましたのは、昭和三十五（一九六〇）年、いわゆる六〇年安保という戦後史の大きな転換点の最中でした。特に国家の安全にかかわる日米安保条約について、みんなが真剣に考え、立場を決めるべき時でしたが、言論界には旧ソ連や中国という共産主義陣営に立ち、米国と同盟を続けるべきでないとの主張が多かったのです。

しかし市村先生は「日本の選択は日米安保条約であり、それを対等なものに変えていくことが将来に向けて大切だ」とはっきり説かれました。私どもが判断に迷っておりましたときに、研修会で初めてそういう市村先生のお話を聞いて、なるほど、そうだと思いました。

また、教養課程の経済学の教科書が、市村先生の『経済循環の構造』という本で、たしか辻という教授だったと思いますが、市村先生は、国家を考えるときに軍事費もきちんと計算に入れないといけないと言っておられる、と聞きました。戦後の日本では、軍事を抜きに国家が成り立つような錯覚がありましたが、ノーマルな国家にそれは不可欠だと教えられました。

さらに六〇年安保の最中、「風流夢譚《むたん》」という小説が『中央公論』に載りました。これは当時の天皇や皇后・皇太子などが、次々に首をちょん切られるのを笑うという、とんでもない夢物語です。それが有力な総合雑誌に載るような時代でした。天皇なんていうのは否定し抹殺すべきものという言論が、戦後十数年まかり通っていたのです。

しかし、それはおかしい、皇室の尊厳を何とかお守りしなければいけないと考える有志が声を上げられた。その代表的な一人が、市村先生の友人である歴史学者の田中卓先生です。私は、その頃から市村先生に国際関係や防衛の重要さを教えられ、また田中先生に皇室や伝統の大切さを教えられました。戦後教育に抜けていた点、また甚しく歪んでいた点について、世界的な視野と長期的な展望のもとに考えていく見識を教えられました。

今日はその市村先生にお招きいただきましたが、歴史の立場から何か少しでも参考になることを申し上げることができればと思っております。

3　皇室典範の改正と宮家の役割

市村　現在皇室典範の問題は、そのいくつかの条項を改正しないと、宮家がなくなることです。平成十七年に小泉内閣が設けた有識者会議の課題は、皇室典範を改正しないと皇統が断絶する、という最も深刻な問題でしたが、現在の問題は宮家の消滅です。すなわち、いま宮家に女性の内親王殿下や女王殿下は多数おられますが、若い親王殿下は悠仁親王以外はおられない。その他の宮家が全部なくなるのをどうするか、の問題です。

いくつか方法があります。その一つは、今までの、結婚すれば皇籍を離れなければならないという第十二条を改正して、内親王殿下を当主とする宮家の創設を認める案です。私は、それに賛成です。それだけすればよい、というのではありませんが。これに対して、非常に強い反対論もあります。

その反対論は、宮家をつくること自体に反対ではなく、宮家にお生まれになった男子が将来天皇になられる可能性があるから、女性宮家を認めてはいけない、というんです。しかし仮に男子がお生まれになっても、皇室典範の第一条が男系男子が天皇になるという規定ですから、それを変えない限りは、天皇になることはできない。その宮家は皇位継承者を出せない宮家になる。私は、それでもよいと考えます。

宮家というものは、何も皇位継承のための予備軍だけではない、それ以外の役割もある、それが依然として大事だ、と考えているわけです。

宮家は室町時代に出来たと聞いていますが、歴史的にどういう役割を果たしてきたのでしょうか。

所　今おっしゃいましたことを含めて、歴史を少し振り返ります。日本という国がこの日本列島で統一され発展してきた歩みは、一概に言えませんけれども、おおよそ二千年ぐらい前、のちに神武天皇と称される方が九州から畿内へ移ってこられ、その子孫が中心となって国内を次第に統一されたとみられます。

これは今日の皇室問題を考える大前提です。皇室は外から入ってきた征服者ではなく、日本国の総まとめ役として成立し、今日まで存在しています。この点は戦前から『古事記』や『日本書紀』を批判的に研究した津田左右吉博士ですら、わが皇室の大きな特徴は、外来の征服王朝ではなくて、日本列島の中に発生し、その有力な王族が中心となって国内を統一され、それゆえスムーズにまとまり得たことが、日本の特徴で強みだと、敗戦直後『世界』という雑誌に書かれています。

このように、私共の日本という国は、皇室を中心にして、多くの国民が一つにまとまってきたとみるならば、まさに建国の恩人は皇室であり、天皇だといってよいと思います。

この皇室は、日本の大きな家と考えますと、その家を維持するには、いろんな要件があります。まず基本的に、皇族という方々がおられなければいけない。その大きな家の中に、本家と分家がある。本家に当たる内廷は、皇位を担われる天皇と皇后および皇太子ご一家から成る。分家に当たるのが、それぞれ独立の生計を営む宮家です。

宮家は、本家を支える分家ですから、もちろん万一のときには本家の後を継ぐ役割を果たすこともあります。現在民間でも、先祖の伝統や遺産などを守っていくのは本家の人であり、それを支えているのが分家です。それは必ずしも本家を継ぐためだけでなく、むしろその一族がうまく協調し繁栄していくための支えとして、分家があります。皇室の場合も、宮家は元来本家の家筋を継ぐためだけではなく、むしろ一族としての協調や繁栄のために必要だったわけです。

そもそも「宮家」ができたのには、皇位の争いに敗れたり、不遇な方々を救済するためでもあります。長く続いた世襲宮家で一番古い伏見宮家の場合、南北朝の分裂期に北朝の中で皇位を継げなかった方のために伏見殿という建物や所領が与えられ、それを子孫が継承しました。ただ、その家があったおかげで、皇位継承が難しくなったとき、三代目の方が後花園天皇として立たれたのです。

ですから、宮家のできたいきさつはそれぞれ違いますが、基本的には皇室の中で本家に対する分家として生まれ、結果的に皇位を継ぐ役割を果たされた場合も、三例あるということです。

そういう意味で、大宅壮一さん流に「宮家の皇族は本家の皇位を継ぐ血のスペアだ」というような言い方も、間違いではありませんが、宮家の重要性を一面的に強調したとらえ方です。

4　終戦時と皇族方

市村　私も、陛下の周りに、天皇陛下が無条件に信頼を置けるような皇族方がおられることは、非常に大事だと思っています。第二次大戦が終ります時、昭和天皇は必ずしも時の政府あるいは陸海軍のいうことを百パーセント信頼できるかと、困惑しておられた時期があったと承っております。当時私はまだ軍隊にいて若い見習士官でしたが、上官のある宮殿下にお聞きしたところでは、陛下は、本土防衛の海岸線の守りに張りついていた兵士達が、どれだけの装備と準備ができているかを確認させるため、ある皇族を派遣された。その報告は、穴を掘るなど随分準備はしているが、武器は不足で海岸線防衛は不十分、であったそうです。

またもっと前の話ですが、シナ大陸で日本兵の一部が現地住民によからぬ行動をしているという噂が、たまたま陛下の耳に入った。そこで、陛下は、その真偽を確かめ、これを鎮めてくるようにと、ある宮殿下を派遣されたことがある。その宮殿下が行かれたら、少なくともその間は、住民に対する日本兵の暴行は激減したそうです。これを私に話したのは、当時北京で大学生であり、後に米国のMITで同級生になった中国人のジョン・フェイ（後のエール大学教授）であります。

そういうように、皇族方は、陛下が信頼し望みを嘱される大事な大事な御身内でいらっしゃると思うのです。宮家は、そういうものです。親戚とは本来そういうものです。ですから、血統を継ぐということばかりに注目して宮家を考えるのは、行き過ぎていると思うのです。

所　おっしゃるとおりです。先ほどのお話の続きで言えば、昭和二十年の八月、日本は天皇の玉音放送によって軍も民間も矛をおさめたわけですけれども、そのときも皇族が各地に派遣されて、それで終戦の詔書を徹底せしめられた。また、各歴代天皇の御陵へ、敗戦に至ったことのお詫びと復興への祈願の勅使を皇族方が手分けして務められました。いろいろな局面で、皇族方が中心の天皇を支え助けて来られた意味は非常に大きく、それが宮家の存在する意義の一つだと思います。

5 歴史上の女帝の御役割

市村 女性の内親王殿下を当主とする宮家を認めるということは、過去の歴史の上に殆ど前例がなかった。それは、日本の皇位の性質と継承順位を根本的に変えるという反対論が、一部の論者にあります。しかし、それは部分的には当たっていますけれども、わが歴史上の皇位とその継承という問題に限りましても、必ずしも十分な議論を尽くしたとは言えません。一番そういう点ではっきりしていますのは、明治の皇室典範も昭和の皇室典範も、女帝を排除しました。しかし、歴史上、女帝は存在されます。したがって、女性が天皇になってはいけないという考え方は、我々の祖先にはないわけです。いろんな事情があったとは思いますが、例えば最初の女帝である推古天皇は、ほかに男子の候補者がいらっしゃったにもかかわらず、どういう事情で選ばれたのでしょうか。

所 そこが非常に大事な点です。推古天皇のことを申し上げる前に、そもそも日本の皇室が男系の男子でなければいけないと決めつけることに、無理があると思います。日本の歴史書で一番古い『古事記』と『日本書紀』の最初は、両方とも神代の物語ですが、その中で一番重んぜられるのが天照大神です。その流れを受けて、数代後に神武天皇が登場するというストーリーになっております。この天照大神が高天原から瑞穂の国に「皇孫」

を遣わされたときの神勅が、『日本書紀』に載っています。

　そのなかに「豊葦原《とよあしはら》の千五百秋《ちいほあき》の瑞穂の国は、是《こ》れ吾《あ》が子《うみのこ》の王《きみ》たるべき地《くに》なり。爾皇孫《いましすめみま》（わが孫よ）就《ゆ》きて治《しら》せ。行矣《さきくませ》、宝祚《あまつひつぎ》の隆《さか》えまさむこと、当《まさ》に天壌《あめつち》と窮《きわま》り無かるべし」とあります。天照大神自身が孫にあたるニニギノミコトを高天原から地上へ降す際、これは歴史的に考えれば皇室の祖先が九州から畿内へ遠征するにあたり、瑞穂の国を統治するのは、私の子孫であるあなたであり、あなたの子孫がこの日本国を統治していくべきだ、と告げられたことになります。

　この神話がいつごろできたかは議論がありますが、おそらく七世紀後半段階で、天智天皇や天武天皇のころには出来上がっていたと思われます。そのころ民族的な確信として、皇室の祖先は母性神であり、その天照大神が子孫に語る形で日本統治の正当性と永遠性を示されたのです。

　このことを最も深く研究され強調してこられたのが田中卓先生にほかなりません。皇位継承について論ずる際、明治と昭和の皇室典範も大事ですが、いま改めて思い起こすべき原点は、さかのぼって『日本書紀』の伝える神勅にある、と先生は言っておられます。

　そこで先ほどの話に戻りますと、七世紀初めころ活躍された天皇のお一人が推古女帝です。この方は、敏達《びたつ》天皇のお后《きさき》でありました。夫君亡き後、複雑な皇位継承をたどります。弟君の崇峻《すしゅん》天皇が蘇我氏により暗殺されるという大変な事件が起きました。その非常事態を収拾するため、最も大きな働きをされたのが、この皇太后です。

　その当時、ほかに比較的若い男性皇族も複数おられましたが、朝廷の重臣たちから最も信頼の篤い額田部皇女《ぬかたべのひめみこ》こそ天皇になって頂きたいと懇請された。そこで最初は遠慮しておられましたが、ようやく引き受けられた。つまり、単なる中継ぎではなくて、まさに実力と識見を評価され期待を担って即位されたわけです。

もう一つ大事なことは、このころ、日本が最も大きな影響を受けてきた中国や朝鮮半島に女帝がいたかというと、前例がありません。東アジア世界において、女帝は推古天皇が最初なのです。

中国では、周代から男系男子を非常に重んずるあり方が支配的でしたから、基本的に男性の皇帝しか認めない。その影響を受けて朝鮮半島でも男性こそ正統だと考えてきました。それにも拘らず、六世紀末に日本があえて女帝を初めて立てたということには、画期的な意味があると思います。

それゆえ、その後も何代かにわたって女帝が現れ、しかもお二方は二度も天皇になっておられますから、結局合計八方十代にのぼります。その過半は中継ぎ的に登場されましたが、即位されてから非常に大きな働きをしておられます。

例えば、七世紀の終わりに出られた持統女帝は、天武天皇の皇后時代からお二人で協力していろんなことをされ、夫君亡き後その間に生まれた皇子から皇孫へと皇位を継がせるため、中継ぎとしてお立ちになったのですが、その間に非常に大きな働きをされた。いわゆる「律令国家」が出来上がるのは、この持統女帝の御代前後です。

そういう意味で、日本の皇統史上、女帝の果たされた役割は極めて大きい。それが明治になり、戦後に至っても全面的に否定されていることは、やはり行き過ぎだと思われます。

6　中国の皇帝制との比較から

市村　二つの疑問点が多くの方の心の中に浮かぶと思います。その一つは、確かに日本では、中国のようには、女性を絶対に皇帝にしてはならないとは考えていなかった。中国ではかなりそれを徹底していたわけですね。

所　はい、そうです。

市村　その違いは、日本では女性を天皇に仰ぐことに関して中国より穏やかであったということは事実でしょうが、にもかかわらず、その後だんだんと中国流になり、直系に男子がおられないと、一生懸命探し廻ってでも男子の天皇を立てるようになって、必ず男系男子で行こうという考え方が強くなったのは、やはり中国流の考え方の影響だけでしょうか。家系には父系と母系と双系とがあるわけですけれども、父系主義に傾いていったのは、単に中国の影響だけかどうかですね。

また直系に男子がおられない場合、傍系の方を探されたわけですが、内親王殿下がおられた場合に、すぐ女系を選ばないで、皇女のお相手を一生懸命探して、後継ぎになさったという発想に、何か日本らしさがなかったでしょうか。

所　非常に大事なご指摘だと思います。まず前者に関して申しますと、中国も元来いわゆる男系男子絶対だったかというと、必ずしもそうではないと言われています。

中国では、殷という時代が長く続きました。日本で言えば縄文時代です。この殷代には、女系というよりも母系社会だったと言われています。そもそも氏姓の「姓」という字は、女偏に生まれると書きます。白川静という殷代文字などの研究家によりますと、これは女系社会の表れだとみられます。ところが、周の時代に入るころから争いが多くなり、争いの表に立って戦うのは男性の役割で、男性中心、男性優位から男性絶対の社会になっていったと言われております。

そうしますと、男性か女性かも絶対的・固定的なものではなくて、社会のあり方と深い関係がある。そういう点で、日本においても、大和朝廷が国内を統一していく過程で男性中心になったと思われますが、本来は女性・母性を非常に重んずる社会であったとみられます。

ご承知のとおり、縄文時代に多い土偶という土人形は、ほとんどお母さん、子供を産み育てる母性をデフォルメしたもので、大きなおっぱいと大きなおしりを強調しています。つまり母性を非常に崇拝する縄文時代が長く続いた。そういう意味で当初の日本は殷代の中国と同じように、母系中心の社会だったと思われます。

ところが、弥生時代から古墳時代にかけて、だんだん争いが多くなり、国内統一や各地争乱の中で男性が戦いの担い手になった。それにつれて、中国と同様に男性中心の家系や家産の継承が必要となり、まして儒教的な男性中心・父系絶対の思想や法制が持ち込まれますと、それこそがいわば当時の国際社会のあり方として日本にも取り入れられたのです。

けれども、根っこの母性尊重は捨て去らなかった。その結果として、中国や朝鮮で少なくとも六世紀まではなかった、女帝という国主（大王）を日本で誕生させることができたのだと思います。

では、男系継承がその後続いたのはどうしてかを考えてみますと、ほぼ四世紀前半までに国内の大半を統一した大和朝廷は、朝鮮半島にまで勢力を及ぼし、それが五世紀には中国王朝から公認されるほどの統治力を確立しました。それによって天皇が超越的な権威と仰がれるようになり、政治軍事の実務は、天皇ご自身よりも、むしろ臣下に移っていきます。具体的には、六世紀から七世紀にかけて、蘇我氏や藤原氏などが政治の実権をもち、天皇は権力よりも権威の中心となって、実務の権力者を任命される立場になりました。

そうなりますと、実務を委ねられた有力氏族は、どのように皇室とおつき合いしていくかを考えました。特に奈良時代から平安時代にかけて顕著になりますのは、自分の娘を皇室に入れ、その間に生まれた御子を次の天皇に立てる。その後も同じように次々と自分の娘を入れて、影響力を及ぼそうという在り方です。そのため、権力の担い手たちは、男性の天皇に娘を入れ、皇子の誕生を期待するという傾向が強くなったわけです。

これがはっきりするのは平安時代の初め、皇太子制度が確立してからです。それまでは、皇位を継承する皇子が特定されず、何人かいる候補者の中から、ある段階でしかるべき方を選んでいました。それが平安時代に入るころから、次の天皇はこの方という皇太子制ができ、しかも殆ど藤原氏との関係で決まっています。それでも天皇は権威の主体ですから、太政大臣や摂政・関白を任命される立場にあり、そのもとで政治の実権は藤原氏が行使する形ができあがります。

その点、中国の皇帝は絶大な権力を持ち、軍事と政治の全権をにぎっていました。中国では権力と権威が一体化していましたが、日本では権威と権力が分離され、権威の担い手としての男性天皇と権力を委ねられた外戚の藤原氏との協調関係が長く続いてきたのです。

7　継体天皇ご即位の実情

市村　よく言われるのは、男系男子の後継ぎがなく、女性しかおられなくなった場合、何とか皇統に属する方をと探し廻り、福井まで行って見つけてきて、その方をお迎えして天皇になってもらった。その最初が継体天皇ですが、そのとき、従来からの系統とは違う方が天皇になられたから、皇統がある程度不安定になり、その次の代になってようやく安定した、というようなことを言う人もいます。

しかし、信頼できる友人の話を聞きますと、それは一応そうだが、実は継体天皇のお后は、前々代の天皇の皇女さんでいらっしゃった。言わば内親王殿下にその方が見合わせられたということで、女系或いは母系に着目すれば、皇統としてはずっと継続している。元の皇統の流れが別な継体天皇の流れに変わったというようなことでは必ずしもないと理解しているのですが。

所 そうですね。これは六世紀初めころのことです。少し立ち入った話になりますが、皇統上、五世紀初めころの応神天皇が第十五代で、次が仁徳天皇、以下ずっと続いて第二十一代に雄略天皇という方がおられ、やがて武烈天皇という方が第二十五代です。この応神天皇から雄略天皇を経て武烈天皇に至る間は、大体父子相承で、途中に兄弟継承もありますが、ともかく一つの流れが続いたわけです。

しかし、雄略天皇という方は、その諡号《しごう》（崩後の贈り名）からしても雄壮で武略に富み、中国との関係でも倭国の国際的な地位を高められた功績があります。その一方で、皇位継承をめぐり対立者を次々と抹殺してしまう乱暴なところがありました。そのために後を継ぎ得る方が非常に少なくなり、結果的に武烈天皇が亡くなりましたとき、ほとんど皇族男子がおられませんでした。

けれども、いま先生がおっしゃいましたようにお一人、お姉さんか妹さんかわからないのですが、雄略天皇のお孫さんに当たります手白香皇女《たしらかのひめみこ》がおられた。それならその方が天皇になればよかったではないかと思われるかもしれません。しかし当時は、武烈天皇という方も諡号からして激しい方だったようです。『日本書紀』には殊さら非常に乱暴な方であったようなエピソードが記されています。しかも、皇子がなかったので、この混乱をおさめるために、後継者を探し廻って、ついに応神天皇の五世孫に当たる方を今の福井県で見つけ出しお迎えをしたわけです。

ただ五世（九親等）も離れておりますと、大和朝廷の中枢にいる人々にはなかなか受け入れられない。そのため継体天皇は大和へ入られるまでに、十年も二十年もかかっておられます。

それがなぜ受け入れられるようになったかといえば、継体天皇が前の武烈天皇の姉か妹の手白香皇女を皇后に迎えられた。それによって、いわば前天皇とのつながり、血統の融和が可能になり、そこで初めて大和入りをされたのです。

すなわち、当時の困難な社会を治めていくには、やはり男性が武力をもって表に立つ必要があり、数親等離れた継体天皇を推戴したのですが、天皇としての権威をもち国内統一を進めていくには、前天皇の姉か妹とみられる皇女を皇后にお迎えする必要があった。その両方があって継体天皇の地位が確立したとみてよいと思います。このお二人の間に生まれられたのが、次の欽明天皇です。

市村 さきほど、わが国史上、傍系から入って皇統をお継ぎになったことは三例あるとおっしゃいましたが、約二千年に三例とは少ないと感じます。継体天皇の次に続いたのは、いつのことでしょうか。

所 二つ目は、奈良時代末期の例でございます。三つ目の江戸時代の光格天皇の例につきましては、後ほど申し上げたいと思います。

奈良時代には、天武天皇系の方々が続いて来られました。しかし、聖武天皇の皇女で二度天皇になられた孝謙＝称徳女帝は独身のため、行き詰まってしまいます。そこで宝亀元（七七〇）年、女帝の遺言を受けて、皇太子に立てられ、即位されたのが、天武天皇の孫にあたる白壁王《しらかべのきみ》、光仁天皇《こうにん》（六十二歳）です。

なぜ白壁王が選ばれたかといえば、そのお妃《きさき》として称徳女帝の異母姉妹である井上《いがみ》内親王が入っておられたからです。つまり、傍系の王であっても、前帝とのつながりがあるからこそ、皇位継承者としての正当性が認められたのだと思われます。

市村　私はその話を友人から聞きましたとき、今の皇室の御事情、特に平成十七年ごろの状況との類似性に気がついて、男系がおられなかった時、皇女さんに誰を娶《めあ》わすかが大事だということの非常に貴重な歴史上の教訓だと思いました。

この歴史的事実を、男系男子でなければ後を継いではいけないとのみ解釈すべきではないと思ったのです。普通、継体天皇朝に関しては、天皇の方にのみ注目して、お妃の問題を見落としています。非常に重要な問題点ではないかと思いますね。光仁天皇の場合も全く同じだと思います。

8　宇多天皇の皇籍復帰と御即位の事情

市村　その話が出たついでにもう一つ、宇多天皇の場合、皇族であった方が一たん皇族の身分を離れ、それからまた元へ戻って皇族となり天皇になられた。ほかにも、天皇にはなられなかったが皇族に戻られた例は幾つかあるようです。一たん皇族の身分を離れた方が元へ戻ることは歴史上前例があって、絶対にしてはならないとまでは言えないと、小堀桂一郎氏を代表とする皇室典範問題研究会の報告書が強調しておられます。

しかし、これもいろんな事情があったようで、それをもって皇籍を離れた方が戻る歴史上の前例とするのは問題だと思うんです。その辺のところも、少し詳しく説明していただけませんか。

所　これは非常に大事な点です。私自身、主に平安時代の政治文化史を研究してまいりましたが、実情はこういうことです。

平安時代というのは、桓武天皇以降順調に推移してきました。その間に兄弟相続も相当ありまして、桓武天皇の次が平城《へいぜい》・嵯峨・淳和《じゅんな》と、三人の御兄弟が継がれます。その後、嵯峨天皇の皇子の仁明《にんみょう》天皇が継がれ、その子孫が文徳《もんとく》・清和・陽《よう》成《ぜい》と継いでいかれます。しかし、陽成天皇という方は御幼少ながら元気すぎて、宮中で殺傷事件を起こされた。そのため、陽成天皇の外戚に当たる藤原基経《ふじわらのもとつね》が退位を迫りました。

そこで、次は年長の温厚な方がよいと考え、さかのぼって仁明《にんみょう》天皇の皇子が光孝天皇として立てられました。その光孝天皇は、藤原氏への遠慮から証《あかし》を立てるために、自分の子女を全部源氏に降ろしてしまわれたのです。たとえば第七番目の定省《さだみ》王は源朝臣《あそん》定省となりました。

ところが、光孝天皇も人の親といいますか、三年半後に亡くなられます際、できれば自分の子供に後を継がせたいと思われ、藤原基経に諮《はか》られますと、基経もまあいいでしょうと了解する。そこで、源定省が親王に戻り、宇多天皇となられた。つまり、源氏という臣籍に下っておられた方が、父君の御意向と藤原氏の諒承をえて天皇に立たれた、しかも、その三年半の降下中、源定省と藤《ふじ》原胤子《わらのたねこ》の間にお子さんがお生まれになった。この方が第六十代の醍醐天皇です。

そこで一部の人々は、二代にわたり臣籍にあった方が天皇になっているのだから、元皇族が天皇になってもいいという例に引かれます。

けれども、これは特殊な稀な事例です。しかも、当時の政治情勢が深く絡んでいます。これを一般化して先例とするのはよくないと思われます。

これは確かに、いったん臣籍に下った方が復籍して天皇になられた実例ではありますが、それはわずか三年半です。だから、当事者にも周辺の人々にも、意識の上でさほど大きな変化はなかったと思われます。

しかし、近ごろ言われているのは、昭和二十二年に臣籍降下された方々を六十五年もたった今日、皇族に戻すというだけではなく、そのお子さん・お孫さん――純然たる一般国民として生まれ育った方々――を皇族にするという話です。

やはり、人間は時間の経過の中で生きておりますから、三年半で考えられる御本人の場合と、六十数年後に考えられる子孫のことでは、周囲の意識も相当に違う、ということを認識した上で議論しないといけないと思います。

9 光格天皇の御即位の事例

市村 その問題に関係しまして、もう一つお聞きしたいと思っておったことは、皇族の方が、事情はいろいろあって皇籍を離れ臣下におなりになったとして、その事情の特殊性ということを十分考えなければいけません。しかし、その後何十年かたって、もう一度皇族に戻るという前例はほとんどないと言っていい。宇多天皇のような特別な例はあるにしても、六十年以上もたってからという例はありませんね。今までそういうことの必要性に迫られ、そうしたいなと思われたことが、実際問題として歴史上あったのでしょうか。
所 皇室の事を考えるときに大事な点は、江戸時代までの前近代社会と明治以降の近現代社会は違うということです。皇室の存在が、一定の範囲内の人々に限定された前近代と、天皇なり皇族が全国民の前に出られ、天下周知のもとで事が行われる近現代との違いを、はっきりしておかなければならないと思います。

古代から近世まで、後継者に困られますと、遠縁の方が求められて後を継がれるということがありました。ただし、先ほど言いました宇多天皇や醍醐天皇のような事例は殆ど他にありません。

江戸時代の例で申せば、東山天皇の後、五代続きまして、後桃園天皇という方が二十三歳で亡くなります。しかし、そのお子さんがまだ一歳の皇女でしたから、別に後継者を求めるほかなかった。ただ、その一歳の欣子《よしこ》内親王を将来皇后にすることを前提として、傍系の閑院宮《かんいんのみや》家三代目の兼仁《ともひと》親王が光格天皇として推戴されたのです。

ご承知のとおり、閑院宮家は、新井白石の建言により、万一に備えて設けられた四番目の世襲宮家です。そのおかげで、三代目の方を天皇にお迎えできたわけです。とはいえ、その際お妃として、前の後桃園天皇の内親王を迎えることを要件とした。これは先に申し上げた継体天皇に手白香皇女が入られたのと同じような形で、両方から正統性を担保したことになると思われます。

けれども、こういうことは当時ごく内々でひそかに行われております。前の天皇が若くして急に亡くなる寸前、ほとんど臨終の席で、伯母の後桜町上皇と関白などが集まって決められた。しかも、兼仁親王は八親等離れていますが、あえて後桃園天皇の名目養子とすることにより、閑院宮家三代でも前天皇の親王という関係にして、縦の正統性をつなぐ形をつくられています。

そういうことを考えますと、皇位継承について、今の皇室典範は男系男性限定ですが、その中で長系・直系を優先する原則が示されていることも、極めて重要です。ただ明治以降、養子縁組みを禁止していますが、養子という形で親子の形をつくりつないでいくことも考慮に入れて、皇位というものはなるべく縦に直系でつなげるよう努力をしなければならないと思います。

10 穏便に、常識的に

市村 ほかにも若干重要な論点があります。いま引かれた三つか四つの例は、男系男子派の人たちの議論の中できちんと説明されていません。皇室の問題でありますから、出版物の中ではあまり赤裸々に書くのを控えておられるのかもしれませんが、今お話のごとくで、これを理解すれば、日本は単純に男系男子で来ているという議論は、私なんかの判断ではちょっと無理です。事実は、ある原則で割り切ったのでなくて、その時々の実務的常識的に、両方のお立場を尊重しながら関係者が納得する妥協点を見出していると思うのです。

私は現在の日本でも、やはりそういうふうに考えなくてはいけない、と思っています。それを何か運動を起こす式の発想は、非常に心ないやり方です。もっと穏便に、秘めやかに行われるべきだと思います。

小泉信三先生が美智子妃殿下を御推薦になったとき、私は小泉信三先生自身からも、別な方からもお聞きしましたが、いろいろなことを昭和天皇と十分話してやっておられたようです。それを書き残されてはいないでしょうが、昭和天皇は、近親結婚の弊害も非常に心配しておられました。現代は何でも表に出して、赤裸々に議論しますが、たしなみがないと思います。

所 皇室の問題は、いま先生がおっしゃるとおり、本当にもっと常識的に良識をもって論ずるべきだと思います。

皇室は格別な存在ですが、大きな家を構成し継承しておられます。従って、一般の私共でも、家族を成し家を伝えていくには、原則だけで杓子定規に行くはずがありません。まさにケース・バイ・ケースで、あらゆる知恵を絞り、そのときベストな、もしくはベターな選択をするほかないわけです。

その点、近代社会に入ってから、西洋の影響でしょうが、何でもきちんと法文化し条文化しておかないといけないと思い込み過ぎたと思います。それに対して前近代社会では、まさに臨機応変にいろいろな工夫をしながらやることができました。もちろん、無原則ではなく、重要な根本原則をふまえていますが、時にはやむを得ざる選択もしながらやってこられた。それが近現代の皇室典範では一定の条文となり、それを越えることが難しいところにも問題があります。

市村 今のままでは女性宮家ができませんね。それを作ろうとすると、たとえば内親王殿下のお相手は誰でも皇族になれるから、その方との間に生まれた子供が天皇陛下になるなどとんでもない、というような議論をする、もっとひどいことを言う人もいますね。

所 まったく滑稽なぐらいおかしい話です。かなりの政治家や言論人が、皇室に一般の男性が入ることを認めると、スパイや悪意の人が入るかもしれんなどと言っています。

しかし、皇室に一般の女性がお入りになるときに、そんなことは言われません。一般国民の中から、よりすぐれた人が選ばれてお入りになった。同様に、一般男性の中にとんでもない人がいるにしても、そんな人を入れないようにして選ぶのが当然です。市村先生がよく言っておられるとおり、最終的に皇室会議の議を経て決めることですから、皇室にふさわしくない人が入るはずがなく、もちろん入れてはなりません。

市村　悪意の人々云々は論外としても、皇位継承の順位に難しい問題が生じることは事実です。私のヒアリングのとき、園部逸夫さんが養子との関連で質問されました。養子を認めると、旧皇族の方から入られたような場合、元の出自と、入った宮家のどちらで順位を決めるか、といった問題です。旧皇室典範では、そういう場合、実系によるとなっていますが、私はすぐそうとは答えず、慎重に考えたいと答えました。微妙な場合があり得るからです。具体的な実例に即して考えるべきだと思っています。

11　現皇室に近い北白川・東久邇・竹田・朝香の四宮家

所　市村先生も言っておられることですが、男系だけにとらわれると議論が難しくなります。ご承知のとおり旧宮家は、男系のみをたどれば、現在の皇室と非常に遠い。しかし、明治天皇の内親王が四方入っておられる宮家があります。北白川宮、東久邇宮、竹田宮、朝香宮です。この四家は明治天皇の内親王を通じて今の皇室と非常に近いわけです。

そういう方々は、明治天皇の内親王を一世と数えれば、次代の宮家で生れた子が二世、孫が三世、曽孫が四世、玄孫が五世となります。現在この三世以下の世代の方々が男性だけでも二十名以上おられます。従って、これらの方々は、四内親王を通じて女系（母系）で現皇室に近いことを考えれば、もし養子を認める場合、有力な候補であり、その順位も決めやすいと思われます。

ところが、今は男系だけで議論されていますので、南北朝時代から分かれた現天皇と四十親等前後も離れた方々、しかも昭和二十二年以降に一般国民として生まれ育ったような人々を、わざわざ皇籍に戻すとしたら、一体どこに位置づけるか、ほとんど不可能に近いと思われます。

市村　それは不可能です。その間に側室の子供もあり、養子もあるとなると、その順序づけは至難になる。とても皇室典範の規定だけで順番はきめられません。

外国の場合でも、それを一応きちんと決めていると報道されていますが、いろいろの国で聞きましたら、百何十位なんていうのは全部非公式でいいかげんだと言っていました。

この問題は、皇室典範式にさかのぼるやり方では、所詮無理です。だからこそ、大正九（一九二〇）年に施行準則を作り皇族（王以下）の降下に踏み切ったのだと思います。二代か三代前ではっきりしているところから下へ行くのなら、これは決められますけれど、六百年も前にさかのぼっては決められません。

12　直系の継承を重視すべき

所　かつて私の論旨を批判してこられた深澤成壽さんが、『ＷｉＬＬ』という雑誌の今年（二〇一二）五月号に書かれた論文をみますと、自分は男系男子を維持しなければならないと考えるけれども、旧宮家の子孫を全員復活させることは難しく、もし一部だけ復活させれば必ず不公平とか混乱が生じるから、これはやはりよくない。そこで現実策としては、皇室という聖域で生まれた女子に一般国民として生まれた旧宮家の子孫を結婚相手とするほかない。ただ、その方には皇位継承権がなく、皇族女子との間に生まれる男子から皇位継承権を認めたらよいという考え方を書いておられます。

確かに沢山おられる旧宮家の男系子孫を、全部であれ一部であれ皇族として認めるとなれば、今おっしゃった皇位継承の順番を決めねばなりません。その場合、皇族女子と結婚する当人には継承権を認めず、そのお子さんから認めるとすれば、当主であるお母さんとの関係で順位が決まります。そうしないと、決めようがないと思います。

市村 その点は、さっきお話が出ましたけれども、男系男子が継承するということは皇室典範に書いてありますが、それ以外にも皇位継承の場合には、直系を重視しなければいけないと思うのです。女子の場合も、養子の場合も問題はあるわけです。それを今こまごまと議論いたしませんが、はっきりすべきはやはり直系重視です。

それは当然のことで、ある家が続くということは直系で続くということです。例えば皇太子家には愛子内親王しかおられませんが、女子がその家を継ぐことを認めない現行典範では、皇太子家は断絶するほかありません。しかし、直系の方は、天皇におなりになるかどうかは別問題として、家を継承されるためには、まず男子優先、だが男子がおられなければ、女子が養子をお迎えになって、その家を継承されることを認めない限り、宮家はどんどん減っていきます。

だから直系による家の継承、宮家の継承、皇家の継承を皇室典範の中にきちんと規定しなければいけません。本来、家の継承は直系の継承ということです。大正九年の施行準則も基本的にそうなっております。それを継承すべきだと思うのです。

13 壬申の乱の深刻さ

所 その点は、何も近代からだけでなく古代でも、皇室においても、直系でつないでいくべきだという考えです。ただ、実際上そういかない場合に、兄弟や従兄弟ということになります。

例えば、七世紀の後半に壬申《じんしん》の乱という争いが起きました。六七二年です。これは天智天皇が一たん弟の大海人皇子《おおあまのみこ》を後継者に決められながら、晩年やはりお子さんの大友皇子に継がせたいと言って亡くなりました。そこで、大友皇子が弘文天皇としてお立ちになるのですが、先に後継者とされていた大海人皇子との間で深刻な争いが起きたわけです。

その結果、弘文天皇が攻められて亡くなり、代って天武天皇が立たれます。その後は天武天皇と姪の皇后(天智天皇の皇女)との間にお生まれになった草壁皇子からそのお孫さんへと、縦に縦につなごうとしておられます。

ただ、草壁皇子が若くして亡くなり、次に孫の軽皇子を立てる会議が開かれます。そのとき、大友皇子(弘文天皇)のお子さんの葛野王《かどののおう》という方は、自分のお父さんが争いに巻き込まれて亡くなったことを悲しく思っておられたのか、皇位継承は「兄弟相及べば、乱に至る」、兄弟争いは乱のもとだから、直系で行くべきだと主張しておられます。その応援もあって、天武天皇の直系子孫である文武天皇が即位されるに至ったのです。そういう直系継続の考え方が、八世紀の初めに強くなっていたことは、非常に大事だと思います。

それが近代に入ってからどう考えられたかということです。明治十年代の記録をみますと、皇位は皇室に生まれた方が継ぐべきもので、従来ほとんど男性が継いでこられたが、女性も排除してはならないという考え方が根強くありました。しかし、当時宮家がたくさんでき、男子皇族も多くなり、男性だけで継いで行けるとみて、女性を不要としたのだと思われます。

もう一つは、当時のヨーロッパも、王家の多くで男性が王を継いでおりました。もちろん、女性がいなかったわけではないのですが、そういうことも併せ考えて、今後は男系男子だけで行こうということになり、ついに皇統に属する男系男子に限定してしまったわけです。そのうえで、長系・長子を優先して順位を決めています。

私は法制史家ですけれども、法制というものも、その時の社会状況をふまえて作られますから、状況が変わり、適当でない事態になれば改めなければならないと考えています。

14　明治と戦後の皇室典範成立事情

所　そこで、もう少し立ち入った話をしますと、明治十年代、明治天皇の皇子としては嘉仁《よしひと》親王(後の大正天皇)お一人しか育っておられません。ただ、他に一代限りの宮家が次々とでき、やがてそれが二代三代と続くようになりますと、男性皇族がふえています。しかも、御病弱であった皇太子が十代に入られ元気になられたこともあって、これで行けると考えられ、明治二十二(一八八九)年皇室典範の規定ができた。こういう事情を考慮する必要があると思います。

ただ当時でも、天皇の身心に重大な不都合が生じた場合に置く摂政は、皇后でも内親王でも女王でもよいと決めています。一部には、天皇の役割は男性でなければできないという人がいます。しかし、明治以来の皇室典範では、女性皇族の政治的能力を認めて、摂政を務められるとしたことも、あわせ考えなければいけないと思います。

敗戦後、明治の典範を廃止して新しい皇室典範を作ったのですが、そこに大きな変化が生じます。従来の典範は、憲法と並ぶ国家の根本法典でした。しかし、戦後は憲法の第二条に、「皇位は世襲のものであって、国会の議決した皇室典範の定めるところにより、これを継承する」と決められ、憲法の下位の法律として皇室典範がつくられた。しかも、憲法施行に間にあわせるため、慌ててつくらなければならなかったのです。

当時この事に当たられた法制局の井出成三という方から、私は直接お聞きしたことがあります。GHQは占領政策の必要から、天皇制度を残すため、憲法の第一章を「天皇」として一条から八条までに象徴天皇の地位と役割を定め、その範囲内で新しい皇室典範の草案をつくらせようとした。そこで、日本側から明治の典範を手直しした草案の英訳を持っていくと、皇室内部の問題にはあまり深入りしない、あくまで象徴世襲天皇という枠内であればよかったそうです。

ただ、ドクター・ピークという占領軍のスタッフが、「皇位の継承者は男系の男子に限るとなっているが、女子を認めておかなくてもよいのか」と尋ねた。それに対して井出さんから「それは検討を要することだが、従来ほとんど男系の男子でやってきたこと、また女帝はすべて未亡人か未婚の独身者だったので、これからの女帝にも結婚を認めないとすれば一代で終ること、さらに女帝の結婚まで認めると、その夫が政治的な野心を持って、政治を左右する恐れがある」と答えた。すると彼は、「そう言われてみれば、それは占領政策にとって都合が悪いからやめておこう」と引きさがったそうです。

このように、戦後の皇室典範は、憲法の下にある法律ですから、しっかり検討して作るべきところ、皇位継承は男系男子に限定するとか、皇族間の養子を認めないとか、皇族女子も結婚をすれば皇室を離れなければならない、という明治の典範と同じ制約を踏襲してしまったのです。

そんなところに、やはり法のつくり方の性急さというか、無理を強いる不備があった。そのツケが六十年たって現実を苦しめています。

市村　女帝を認めないことは、もちろん必ずしも結婚を認めないことにはならないわけですが、暗黙の前提は、女系での継承があってはならんということですね。そういう考え方は明治の皇室典範からあるわけですが、私の聞いているところでは、外国人の顧問の中には、やはり女帝ないし女系の継承も認めておかないと将来困るのではないか、という意見を述べた人がいたそうですね。

所　そうです。オーストリアのシュタイン博士などは、将来的に女帝も女系も認めて万一に備えたらどうかとアドバイスをしています。けれども明治の日本は、何といっても男性中心社会であり、また儒教の影響も強い時代ですから、いわば親切な助言を退けたいきさつがあります。

市村　当時は側室を認め、側室に男子が生まれたら庶子でもよいということが前提にあるからそうなったのでしょう。しかし、それが不可能な今の時代に、現在の制度のまま男系男子ということに限れば、たとえ養子などの救済策を考えたとしても、なお当然その家が断絶する確率は非常に高くなりますね。

所　そうですね。

市村　だから、将来のことを考えれば、どうしても男系男子だけではなくて、男女を問わずある順位を決め、そしてその場合、男子優先にしても、女子も皇位につけることを早晩認めざるを得ないと思います。当面の皇室典範の改正には直接関係ありませんけれども、やはり皇室の存続を考えると、当然その辺も将来の大きな研究課題ではないかと思います。

所　いま先生がご指摘のとおり、明治時代に男系男子で行こうと決めたときには、側室を認めるという裏付けがあったわけです。明治の皇室典範では、正室の嫡子だけでなく、側室のもとに生まれた庶子も法的に認められていたわけです。しかし、戦後の皇室典範は、庶子を認めていません。

ちなみに、戦後の保守論壇で、非常に大きな働きをされた葦津珍彦《うずひこ》という先生がおられました。『神社新報』の主筆でしたが、昭和二十九年に出された『天皇・神道・憲法』というすぐれた論文集の中で、こう言っておられます。「日本の皇位継承においては、女系子孫の継承を認める思想は全然存在しなかった。」つまり、過去の例を見ると、皇位継承は男系子孫でやってきたから、女系子孫を認める思想はなかったと、この方は男系主義を強調されます。けれども、それが可能になったのは、側室を認めていたからだ。そこで「今の新しい皇室典範において、庶子に対して皇族の身分を認めず、継承権を認めない。これは無理を免れない」、「側室のもとに生まれた皇庶子の継承権を全的に否認することは、同意しがたいところである」とはっきりと言っておられます。

このように男系男子を主張した人々は、昭和三十年前後ですと、側室まで否定した戦後の皇室典範を行き過ぎだと考えておられたわけです。

15 元皇族の復籍という問題

所 葦津先生は、もう一つ非常に大事なことを言っておられます。昭和二十二年に占領軍の強制によって十一宮家が臣籍降下を余儀なくされたのはまことに残念なことだ。けれども、「事情のいかんに拘はらず、一たび皇族の地位を去られし限り、これが皇族への復帰を認めないのはわが皇室の古くからの法である。この不文の法は、君臣の分義を厳かに守るために、元皇族の復籍といふことは、決して望むべきではないと考へられる」と。

近ごろ男系男子を貫くために、元皇族の復籍ということが軽々しく言われますが、「君臣の分義」を守るためには、それを望んではいけないことを、ちゃんと押さえて発言しておられます。

このように昭和二十年代から三十年代にかけての人々には、国体観・皇室観がしっかりあって、その上で、どうしたら男系男子によって継げるかということを考えておられたわけです。もちろん、六十年後の今日であれば、葦津先生といえども、恐らく側室は無理だとして、それならどうするかとなれば、別の道もお考えになったかもしれません。しかし、少なくとも元皇族の復籍ということについては、非常に慎重であられたろうと思われます。

市村　高森明勅《あきのり》さんが書いたものに、その葦津さんの説を引いた上で、彼は、女性宮家も認める以外に皇統の継続を保証する道はないとの考えですね。私もそう思いますが、そこまできちんと議論した人は、今のところ非常に少ないですね。

先日、私は京都大学の同窓の人たち八十人ぐらいに、この問題で話をしたんですが、その後の懇談会の席上で「先生、男系男子派の中で側室も認めたらいいじゃないか、例外的な人なんだから、と言う人はいないんですか」と質問した人が数人いました。まじめな人ですよ。だから少なくとも京都大学の錚々たる卒業生で、会社の社長ぐらいのランクの人ばかりでしたが、側室も認めないで続けていけると考える人はいなかったですね。それが世間の普通の常識じゃないか。その辺を考えますと、過去の例はなくても、これからの皇室制度の制度設計としては、どうしても新しい在り方を工夫しなくてはいけないでしょう。

16　男系論者の自己矛盾

所　一言だけつけ加えますと、側室制度の廃止は、そもそも昭和天皇が皇太子であられた大正十(一九二一)年にヨーロッパへ行かれ、帰ってこられてからはっきりするのです。当時既に久邇宮良子《ながこ》女王、後の香淳皇后との婚約が整っておりましたから、今後は一夫一婦制で行こうと決められた。従来の女官は皇居の中に寝泊りをして側室になり得ましたが、これを全部通勤にされたのです。

古来の側室制度は、昭和天皇の思し召しで廃止された。ですから、皇室の方々は、今上陛下であれ、皇太子殿下であれ、仮に制度として側室庶子を認めても、受け入れられるはずがありません。こんなことは、当然の常識だと思います。

もちろん、さすがに男系男子の人々も今や側室を認めません。けれども、例えば八木秀次さんの『本当に女帝を認めてもいいのか』という本や、百地章さんの『憲法の常識 常識の憲法』をみますと、これらの方々は男系男子を絶対維持すべしと言われながら、一方でこういうことも言っておられます。八木さんの場合、「万策尽きた場合には、女性天皇も女系天皇もやむを得ないと思う」と。また百地さんも「万一の場合には、皇統を守るために、女帝さらには女系の選択ということもあり得る」と書いておられるんです。

このように男系男子を強調する人々も、万策尽きた場合とか、万一の場合を想定して、「皇統を守るため」なら「女帝さらには女系の選択肢」もあり得るということを認めているわけです。そう言っておきながら、女性宮家は女系天皇につながるので駄目だというのは、やはり自己矛盾だといわざるをえません。

市村　自己矛盾ですし、それから万策尽きたような状況のもとで誰かを天皇に選ぶとなりますと、選択の余地がないわけです。外国の君主制を議論したものに出てきますけれども、血統だけで皇位や王位の順序を決めることが無理な場合がしばしば起る、と書いてある。それには、いろんな理由があります。外国だって側室制度がなくても、実際上、第二夫人、第三夫人がおられて、その間に子供が生まれるという例はもちろんたくさんある。そういう場合に順位、選択という問題が必ず起る。それをどうさばくかは、君主制につきものです。昔からその問題があるので、結局、核心は皇位継承の順位です。

所　そうですね。

17　典範は例外条項を持つべき

市村　皇位継承の順位は、単純なつけ方だけでは決まらない場合がある。だから私は、この間のヒアリングのときにも、今すぐ決める提案ではないけれども、数年以内に平成の準則を作る必要があり、そのさい「諸般の事情で特定の皇位の継承者の順位が決めにくいときには、皇室会議において十分議を尽くして決めることができる」という例外規定を、必ず挿入しておくように、という意見を述べました。そうしておかないと、予想できない事態が起った場合、例えば大地震で大勢の方が一挙に亡くなってしまったような時に、皇室典範の改正などをやらなくてもよいように、危機管理の条項を設けておかないといけない。そうすれば女帝の問題なんかも、全部それで解決できる。そういうことが起る確率は非常に低いですから、いま細かいルールまで決める必要はないけれども、例外条項がないといけない、それが女帝ないし女系の問題を処理する一つの方法ではないかと、私は思っています。

所　今おっしゃったことは、まさにその通りだと存じます。ただ、当面重要なことは、皇統を継がれる男系の男子がおられるわけです。順調にいけば皇太子殿下から秋篠宮殿下を経て悠仁親王へと継いでいただけるわけですから、これが実現するように最大限の努力をしなければならないと思います。

市村　そうです、そうです。

所　これには、ある程度お金もかかりますし、また人の手当ても要ります。それを一方でしっかりと考えながら、他方で万一に備えておくことです。分家である宮家の女性が結婚して次々と皇室を出てしまわれ、いざというときに誰もおられないということではどうしようもありません。現行の制度では、皇族女子は本家も分家も継げない、その必要もないとしておいてよろしいのか。将来、万一悠仁親王に女子しか生まれない場合でも、宮家の方に若い皇族がおられるならば、皇位も継ぎ得るわけですが、宮家も次々なくなれば、改めて人を求めることすらできないような状態も想定してみなければなりません。

市村　おっしゃるとおりです。万策尽きたときでは、遅いかもしれませんね。

所　先ほど市村先生がおっしゃいましたように、なるべく縦に直系・長系につないでいこうとする場合、男子だけなら無理だけれども、女子を通じてならばちゃんと人がおられる、という状況も想定しますと、理解しやすいわけです。

つまり、具体的に申せば、今上陛下のもとに、秋篠宮殿下がおられ悠仁親王がおられるという男子で縦につながる流れと、もう一つ皇太子殿下のところに愛子内親王がおられるという女子によってつながる流れ。それともう一つ離れたところに、三笠宮系の方々がおられる。こういう三つの流れが現存するにも拘らず、男系のみにこだわって、はるか離れた別の流れを作れば、非常に理解が難しくなりかねません。

そういう意味で、将来に備えて考えるべきは、現在皇族であられる方々を最も大切にすることです。まず若い男子は幸い悠仁親王がおられますから一番大事です。つぎに女子も未婚の方が八名おられ、いずれも現に皇族ですから、これらの方々には皇室に留まっていただく必要があります。

それに対して、男系のみたどれば、数百年離れた遠い御親戚の方々を、しかも一般国民として生まれ育った方々を皇族に戻っていただくとか、あるいは次の代から皇族になっていただくことについては、かなり無理があると思われます。

ただ、市村先生もそうでありましょうが、私もそういう方々を全面的に排除すべきでないと思っております。さっきおっしゃったように、万一の危機を考えれば、何百年離れておろうと、そういう方々が皇室につながってきたことは明確であり、しかも昭和二十二年まで皇族であった方の御子孫ですから、そういう方々に何らかのプライオリティを考えて、皇室に入っていただきやすくすることも必要だと考えております。

18　菊栄親睦会、および旧華族方の集い

市村　私もいろいろ考えなくてはいけないと思っています。菊栄親睦会という集いを宮内庁でつくっておられるようですけれども、その種の皇族および旧皇族の御子孫の方々のサークルを、経済的にも支援して、何らかの形の半公式な組織にすることが望ましいと思うのです。

戦後、私は自分が存じ上げておりました皇族、元皇族方の御様子を拝見しておりまして、ああ、こんな処遇ではいけないと、何度も思いました。皇室を大事にするということは、皇族方全体に対してしかるべき処遇をきちんとしなければいけないと思うのです。ノーブレス・オブリジェといっ

て義務を負わせておきながら、しかるべき処遇をしないのは申し訳ないことで、そのことをきちんとすることが重要だと思います。

今度のヒアリングのときも、そういう質問がありました。元の内親王殿下に名称を与えて、いろんな皇室活動に参加してもらえるようにすることをどう思うかというから、賛成だが、それと同時に、そのことに対しては処遇や施設や人的援助が不可欠だと申し上げたんです。

所 いま先生がおっしゃったことは非常に大事なことです。戦後、マッカーサーの指示で華族制度を全廃してしまいましたから、結局皇族か一般国民かの二つしかなくなってしまった。その間に立つ、いわば皇室と国民のつなぎ役として、旧皇族とか旧華族という方々の存在が今なお大切だと思います。

先ほどおっしゃいました菊栄親睦会は、昭和天皇が昭和二十二年に臣籍降下した宮家の御当主をねぎらうためにつくられた会でして、それ以外の方々が参加されることはほとんどないようです。しかし、そういう集まりはもう少し広げてきちんと行われるならば、元皇族および子孫としての心得や役割というものを自然に伝えていかれるのではないかと思われます。

念のため、旧華族の方々は霞会館においてかなり頻繁に集まりを持たれ、また研修も積んでおられます。元皇族の方々も多分メンバーに入っておられると思いますが、そういう方々が、元皇族か元華族という自覚をもち修養をなさることによって、多くの国民から本当に信頼され尊敬されるようになることが望ましいと思われます。しかも、やがて皇室から望まれて皇族男子のお相手になられたり、皇族女子のお相手になられるならばありがたい。皇室のことに精通しておられる元皇族や元華族の系統から選ばれることを、私は心から期待しています。

とはいえ、そういうことまで制度化することは難しい。とすれば、戦後の憲法の下でも、そういう方々を何らかの形で位置づけて、それで役割を果たしてもらうことができるよう、今後の課題として検討する必要があると思います。

市村　そう思います。ヨーロッパで、王室が次々と没落していきました。ほとんどの国は、君主国だったんですが、ハプスブルク家などなくなってしまった。だけど、王族で残っておられる方がおられる。国に戻っておられたり、おられなかったりですが、そういう方を呼ぶ尊称はユア・ハイネス（Your Highness）だとあるヨーロッパ人の教授から教えてもらいました。王様は、ユア・マジェスティ（Your Majesty）と言うでしょう。ユア・ハイネスとは面白いですね。

所　殿下なんでしょうか。

市村　訳せば、殿下でしょうね。別な敬称のプリンスとか、プリンセスとか言って、今でも社会的に敬意を表されている方も多いです。

似たことは、日本にもあります。私は京都に生れ育ちましたが、旧宮家の御子孫があちらこちらにおられます。私が子供のころ、近所に七条さんという七条家の御子孫がおられて、皆が「七条さん」と呼んで、町内会なんかの集まりには特別扱いで、いつも上座に迎えられていました。伯爵とかの形式がなくても、そういう庶民の半公式な敬意が昔の社会的地位に払われているのは健全な社会だと私は思います。

19　内親王方のお務め

所　そのことに関連しまして、先生もヒアリングのときにご発言があり、ほかの方も述べておられたことですが、皇族女子の方々が結婚により皇族の身分を離れられても、内親王とか女王という称号を尊称として保持されるようにしたらどうかという案があります。

これは、明治の皇室典範で認められておったことですから、それも一つのアイデアだと思います。しかし、そういう明治の典範規定に基づいて、たくさんの方が内親王とか女王の尊称を保持できたように思っておられるとすれば、それは違います。

具体的には、皇族から臣籍に降下した場合に「特旨」で称号を保持し得るということですが、明治天皇の四内親王は四宮家に降下され、これは皇族同士の結婚ですから、当然その後も内親王号を使っておられます。しかし、宮家の女王で華族に降嫁された場合が臣籍降下ですが、その場合で女王などの称号を保持された方はありません。

唯一問題になりますのは、朝鮮王族でありました李王家に嫁がれました梨本宮方子《まさこ》女王ですが、朝鮮王族は公族として皇族に準ずる身分として、大正七年の皇室典範増補で決められました。ですからこれは臣籍降下ではなく、朝鮮公族に嫁がれた、いわば皇族同士の結婚に近いわけです。

ところが、先程来、一部の人々がちょっと錯覚されて、皇室を出られた女性が内親王とか女王を持ち続けられたら皇族としての活動ができるから、女性宮家なんかをつくらなくてもいいんじゃないかと言っているのはいかがなものかと存じます。

市村　私は、黒田清子《さやこ》さまを念頭に置きながら、全員というわけではないが、特定の方にはそういう名称を認めてもよいのではないか、と賛意を表しました。しかし、それを宮家の創設に代えてはならないと付言しました。それだけしか言わなかった人もあるようです。私はそれはよくないと思います。宮家は宮家で、個人は個人なんです。

所　そうです。特に大事なことは、皇族というのは身分ですから、皇族の身分に留まられるか民間に出られるかは、大きな違いなんです。

もちろん元内親王というのは重要な御存在です。例えば戦後、元内親王であられた北白川房子さまが伊勢神宮の祭主になられ、その後も鷹司和子さま、池田厚子さまへと伊勢神宮の祭主が受け継がれています。祭主というのは、大宮司より上に立って、天皇の御名代として神宮に御奉仕をなさるわけです。ごく最近、黒田清子さまも臨時祭主に親任されました。祭主の池田厚子さまはもう八十一歳の御高齢で、お祭りに出られるのは難しくなるということで、来年（二〇一三）十月の式年遷宮、これは夜中に行われる大事なお祭りですが、そういう祭儀に奉仕していただくために臨時祭主を拝命された。これは大変ありがたいことです。

とりわけ元内親王の黒田清子さまは、多くの方々から信頼され尊敬され、何より両陛下が大事にしてこられましたから、そういう方が相応の役割として伊勢の臨時祭主あるいはほかの名誉職を務められることは大いに結構なことだと思います。先ほど申しましたように、そういう方々をきちんと位置づけて待遇することも必要だと思います。

しかし、一般国民になられた元皇族方を相応に位置づけるということと、皇室に留まって宮家の当主になられることは、全然意味がちがいます。後者であれば、その御子孫が宮家を継いでいかれ、皇室の永続につながるからです。

市村　ただ、臣籍に降下して、完全に民間人である形のままでは、外国に行った時に、プリンセス何々とお呼びできませんね。それは対外関係では大きな違いです。日本内の職分をおつとめいただくことには問題はないが、外向きに日本を代表できるような場合には役立つと思います。

所　これはやはり十分検討して、プラスに作用するようにしてほしいと思います。

市村　それから、男系男子が少ない現在、女子の皇族方が多いのですから、全員というわけではなくて、特定の方々への配慮として、またしかるべき方と結婚されたようなときに、そういう道もあってよいと考えます。

所　私も女性宮家の在り方としては、皇室に生まれた女子の全員が、結婚して独立の生計を営む際、当主となって宮家を立てられることにしたうえで、具体的にはご本人の意向や当代の事情（皇族の総数などへの配慮）によって辞退もできるが、それは恣意的にならないよう皇室会議の議を経て決定すべきだと考えております。

（平成二十四年五月二十四日）

〈後篇〉

立憲君主制の擁護のために

「ウェーバーにとって、君主制が最善の国家体制であった。
それは国家権力の最高の地位を政治的権力闘争の圏外におき、
国策の連続性を政党の争いからある程度中立に保つからである。」

——マリアンネ・ウェーバー『Max Weber』

＊これは、マリアンネ・ウェーバー著『マックス・ウェーバー——一つの生涯』（大久保利夫邦訳本、下巻四二七頁）からの引用である。第一次世界大戦に敗れたドイツとオーストリア＝ハンガリー帝国では、ハノーバー王家・ホーエンツォレルン王家・ハプスブルク王家なども次々と没落した。ウェーバー等の非常な努力にもかかわらず。

八　君主制の擁護

1　王室は安定要因である

米国のコロンビア大学とMITの大学院生として暮した昭和二十五年から二十八年の頃、招かれたカクテル・パーティの席で、各国の留学生やアメリカ人の教授が、よく日本人の皇室に対する気持を話題にしたものであった。敗戦後まだ間もないその当時、日本人留学生の答え方もまちまちであった。戦前や戦争中の思想的傾向を超国家主義とし、それと戦後のデモクラシーを対比して、民主日本には皇室はなくてもよいかのように言う者も少なくなかった。もちろん、大多数の国民が、皇室に心から敬愛の情をいだいていることや、日本の宗教や文化の伝統が皇室と関係の深いことを説明する人もいたが、むしろ少数であった。

しかるに私を驚かしたのは、ヨーロッパからの留学生のなかに「王室の存在は、むしろ国の政治に対する安定要因であると思う」と語る人が多かったことである。あたかもそれが常識であるかのように述べられたこの見方と、安定要因という言葉は、何となく新鮮な響きをもって私の耳朶を打った。

その当時、わが国の新聞雑誌は単純なデモクラシー礼讃論にみちみちていた。しかもその主流をなしていたのは、フランス流の啓蒙主義とマルクス主義で、それを批判して立憲君主制を擁護する思想などは、たえて紹介されることはなかった。ヴォルテールやサルトルは賞讃されても、エドモンド・バークやポール・ブールジェやハンス・ケルゼンは、保守反動派としてしりぞけられていた。例えば、ルソーの社会契約論を評して、バークが与えた次のような警告を知る人は少なかった。

「社会はたしかに契約である。しかしこの契約は、ひとたび作られると、親から子へと幾世代にもわたって変ることはないから、いま生きている人々の間だけではなく、将来生れてくる人々との間の提携関係ともなるのである。もし空理空論のままに、現実の状態を次々と変えていくならば、いかなる世代も、前の世代とも次の世代とも結びつくことができなくなる。それでは人間ではなくて、夏の蝿と同じではないか。」

またフランス革命やロシア革命をたたえる声が、アメリカ流のデモクラシーを万能薬のようにいう説教と共に、新聞雑誌上を風靡していた。さすがに共産主義に対しては、有力な思想家や経済学者の批判が加えられて、わが国の思想界も次第に落ちつきを取り戻して行ったが、それすら追放解除、占領の終結をまたねばならなかった。だが、当時も今も、フランス革命を導き、アメリカ独立につながる思想と、それを批判してイギリスの立憲君主制を守ったイギリスの正統派の思想とを対比検討して、日本の政治がどちらからより多くを学ぶべきかを論じる著述はなおすこぶる乏しい。王室を安定要因とする見方に新鮮さを感じたのは、そうした風潮のなかにあったからであろう。

2　マックス・ウェーバーと君主制

しかし考えてみれば、つい先頃までヨーロッパの古い国家の大半は君主国であった。それが、古くはフランス革命、ついで第一次世界大戦とロシア革命、近くは第二次世界大戦と共産圏の成立という革命と敗戦の衝撃にたえられず、次々と君主制でなくなっていった。

それでもなお今日、イギリス、オランダ、ベルギー、ノルウェー、スウェーデン、デンマーク、ルクセンブルク、リヒテンシュタイン、モナコ、スペインなど、王政を維持している国は相当数にのぼる。概していえば、これらの国々の方が、近代以降の歴史においても現状においても、内政と外交の両面において政治的に安定した道を歩んでいると言えないであろうか。これらの国々の歴史と現状を、君主制をなくしたフランス・ロシア・ドイツ・イタリア・東欧諸国などのそれと比較考究することは、日本の国家体制のあり方を考える者にとって重大な課題であろう。

ようやく憲法論議がやかましくなろうとする昨今、わが国の心ある学者が、世の風潮にこびることなく、真剣にこの課題にとりくむことが切望される。乏しいとはいっても、君主制について考える者が逸することのできない論著は、私の管見に入った限りでも、かなりの数にのぼる。一例をいえば、マックス・ウェーバーである。彼は君主主義者であった。十数年前、マリアンネ・ウェーバー夫人の「マックス・ウェーバー　ひとつの人間像」を読んでいた時、次のような一節にぶち当って、はっと思ったことがある。

「ウェーバーにとっては、君主制の国家形態が最も具合のよいものであった。なぜならば、これは政権の最上部を政治的競争の圏外におき、ある程度国の進路の連続性を保ち、政権を政党の争いの外におくことを保証するからである。また彼は、ドイツに単一の王室の存続することが、文化政策上の理由から望ましいと考えた。」

もちろん、彼が敗戦にうちひしがれたドイツ国の再建と憲法制定に苦心した建議の内容は、民主政治の利点を取り入れ、議会主義による官僚の掣肘を考え、ドイツ社会階層の現実と変動に目をくばるなど多面的であった。しかし不幸な当時のドイツの内政と王室の状況のなかで、ウェーバーは「君主主義的制度――議会主義の掣肘をうけるべきであるが――とりわけドイツ王室を誠実に支持している者」としての信念を貫こうとしたのである。その彼が、理想とした国家体制は、どんなものであったかが、問われてよいであろう。だからこそ、ウェーバーの弟子であったカール・レーベンシュタインは『近代国家における君主制』(一九五二年)という興味ぶかい書物をマリアンネ・ウェーバー夫人とマックス・ウェーバーの想い出にささげたのに相違ない。

3　君主制の政治的特色

では、君主制の下にある国々の政治は、そうではない国々の政治とくらべて、いかなる特色をもつか。また君主の存在は、どのような意義をもっているか。もちろん、それぞれの国の君主制は独自の歴史の産物であって、国ごとに特色のある国民と王室との間の情緒的つながりや、宗教道徳芸術などの精神文化と深いかかわり合いをもっている。だから、それを単に政治的にのみ理解するのは、偏った見方ではあるが、君主制下の統治に、次の六つの長所があることは知っておいてよい。

(1) 君主は国家を象徴的に具現する

国家は、国民の忠誠や愛国心の自然な発露の対象となる人格を求めるものである。それは大統領制をとろうとも変りはない。もしその国が歴史的に定まった家系から選ばれる君主をもっており、その地位を国民が安定して支持するならば、たとえ内政が混乱したような場合でも、共和制よりも安定的である。なぜならば、共和制の下における元首を選出するルールの確定は、実に難しいからである。スイスやアメリカでは安定しているが、フランス・ソ連・中国や多くの新興国における元首および政治権力者の継承が、いかに多くの政治的動揺を惹起してきたかを考えれば、このことは明らかであろう。

しかも安定した君主の存在は、革命的独裁制への最良の防禦策であることは、有名な『近代民主政治』という名著を書いたジェームス・ブライスや右のレーベンシュタインも言うところである。なぜならば、独裁者は、派手な舞台装置で、いわば君主に代る役割を達成しようとするからである。この意味で、イタリアの王政が独裁者と一時的に妥協して没落し去った教訓を忘れてはならない。もし君主制が議会政治によって補完されていたならば、イタリアや東欧にみられたような独裁との妥協をくいとめ得たのではなかろうか。

(2) 君主制は権力欲を制御する

マックス・ウェーバーは、有名な『経済と政治』という主著のなかで述べている。「君主は、選出された大統領がどうしても達成できない役割を果たす。つまり君主は、国家最高の地位をすでに占有する人として存在することによって、形式上政治家の野心を制限してしまう。この消極的な役割は、君主が明確なルールに従って即位することに伴っているものにすぎないが、純粋に政治的に考えると、実際上最も重要な役割であろう」。

この故に、君主制の国においては、いかなるお方を君主と仰ぐかのルールが明確に定められ、それが国民によってしっかり支持されていることが極めて重要である。最近イギリスのチャールズ王子の婚約がにぎにぎしく報じられたが、王子がイギリス王位の第一継承者であること、そして第二、第三というふうに決められていることはいうまでもない。わが国の場合にも、この点しかと定まっていて動かない。先年、皇太子殿下と、美智子妃殿下との御婚儀のあった日、想いのほか、多くの街々村々の家々に、国旗が掲げられたが、それはわが国民が、皇位の継承者に心からの尊敬と期待をよせ、その前途を祝福していたことを示していた。もちろん、長い日本の歴史の途中には、蘇我入鹿、弓削道鏡、足利高氏のように、みずから国家の最高位につこうとした者がいたが、これらを厳しく排斥して今日のルールを確立したのが、われわれの祖先の信念と叡智であり、それによって日本の君主制の根幹が確立してきたのである。

(3) 君主制は外交の連続性を保つ

一国の盛衰にとって、何より重大なものは外交である。内憂外患こもごも至るというような非常事態においても、本当に内乱だけで国が滅びることは稀で、むしろそれに乗じた外国勢力が侵入して、国の衰亡を招くことが多い。ところがその重大な国際関係に任じる外務大臣も、高級外交官も、数年ごとにくるくると変ってしまう。しかるに、君主は多年にわたって絶えず諸外国の外交官を引見して、彼らと親しく懇談し、交際され、国際関係の経過、史実、諸国の使臣の人柄などをよく御存知になれる。そのため、君主はしばしば外交の一貫性や国際親善の上で、適切な忠告を与えたり、重大な役割を演じたりされることがある。

わが国の、天皇陛下が戦後の占領軍との交渉において、また諸外国との宮廷外交を通じて国際親善に果してこられた役割は実に大きい。また諸外国の大公使も、日本国を代表し、その威厳を一身になわれている陛下にお目にかかることを大きな喜びとされている。元の駐日ソ連大使トロヤノフスキー氏も、祖父が駐日大使のとき、明治天皇から贈られたという見事な花瓶を居間に飾って誇りにしておられた。君主制が外交の連続性に果たす強い働きは、これらにおいて察せられるであろう。

(4) 君主は政治的調整力として働く

近代国家における統治が、司法と立法と行政の三権分立によって行われ、その相互の照合均衡が調和した政治を保証していることはいうまでもない。しかしながら、これら三権力の間の秩序が失われ、互いに対立するようなことがあれば、それを調整して本来の活動を恢復させる中立的な審判が必要となる。例えば一種の内乱状態で戒厳令を宣しなければならなくなるような事態が、これに当る。もしこの時、この任務を三権の一つに委ねれば、その権力が他の二権に優越することになる。アメリカの大統領の地位は、そうしたものである。

この調整の必要性とそれが国家の政治権力機構上欠くことのできないものと認め、これを王権として、他の三権と区別したのは、フランスの政治家であり、また学者でもあって、近代的立憲主義思想の創始者といわれるベンジャミン・コンスタンであった。そして正に、君主の政治的権力の中核は、この調整力にあると論じた。

「立憲君主制は、君主の一身に、中立的権力を創出できるという利点がある。君主は歴史と伝統のなかにあり、人々の尊敬という輿論を基盤として権力を得るのであるから、いずれの権力も他に優越せず、互いに協力して、国家の利益と公共の福祉のために働いてくれることを要望すべき立場にある。」

コンスタンも、また後のウォルター・バジョットも『英国の国家構造』（一八九七年）のなかで、イギリス憲法のなかにこの考え方の典型を見出し、それによって君主制を合理的正当化しようとした。この国家機関の間の最高仲裁者の役割は、三権よりも一層国民統治の中核をになうものと考えられる。だから、それが政党政治の安定性のために不可欠とされ、また儀式における代表としての国王の役割の根拠とされた。この役割を実際上どのような政治形態として実現するかは、その国の憲法ないし国情に応じて考えねばならない。おそらく、このいわゆる「王権」がもっとも目覚しく発揮されたのは、わが国の終戦のときであったであろう。それが日本国のために偉大なる働きをしたことを認める者は、将来のあり得べき非常事態に対処するために、こうした「中立的最高調整力」を、日本の君主制のなかにどう組み込めばよいかについて思索をめぐらさねばならないはずである。

(5) 君主制は義務をよくわきまえた官僚制と能率のよい行政の基盤である

これはかつてブライスが述べた言葉であるが、やや極論であろう。むしろ逆に義務をよくわきまえた官僚と彼らによる能率のよい行政こそが、君主制の基盤である、と考えたほうがよい。また今日では民主政治の下にある共和国では、君主への忠誠心の代りに、職務への献身と職業的専門家としての誇りを支えに、十分に信頼できる官僚制を確立している。しかし歴史的に見て、近代官僚制が、まずローマ法を採用し、中央集権的行政技術を利用したヨーロッパ大陸の君主制国家において成立したことは事実である。もちろん、優れた官僚制の成立には、高い道徳と職業教育が前提ではあったが、職務の遂行が国王への奉仕と考えられ、国王が官吏任免の自由をもっていたということと関係があったと思われる。

このように、陛下の官僚として訓練された職業的官僚をひきついだフランス第三共和国やワイマール共和国は、官僚階級との間にさまざまの紛争を経験しなければならなかった。
いずれにしても官僚制の確立と、次に論じる近代的軍隊の成立と、さらに近代的国民経済の成立がなくては、近代国家にはなり得ないのであるが、その官僚と軍人の心情倫理は、奉仕と忠誠であり、それが君主制の下でつちかわれやすかったことは否定できない。

(6) 君主制下の将校団を中核とする軍隊は最も自然な団結と忠誠によって支持される。

近代国家が成立した国は、必ずといってもよいくらい武士階級を持ち、その出身者を中心とする将校団によって指導される軍隊を組織した。武士階層をもたない民族が、近代国家を形成するのは難しい。軍は、しょせん命令と服従の組織であるから、将校にとっては先祖の赫々たる武勲とむすびついている王朝の子孫である君主への忠誠くらい自然なものはない。君主国の軍隊は、もっとも自然な形で形成されたのであった。

軍隊は、いざという時には、何万という犠牲を払ってでも、主として外敵と戦わねばならない。従ってその愛国心は、抽象的な理念のためよりは、具体的な眼前の頼もしい司令官を通じて、究極的に国の命脈をになうと考えられる国王のためとなるとき、最も自然であり強烈である。しかしこのことは、ひとたび敗戦となると、君主がうらみや責任追及の対象となり、君主制の危機がおとずれることをも意味している。ヨーロッパでは、昔はそういう心配はなかった。イエーナの敗戦後のホーエンツォレルン家、ケーニヒグレーツの敗戦後のハプスブルク家に対して、国民は決して君主を見すてるようなことはしなかったし、ウォータールーの敗戦がフランス人の皇帝への愛情をゆるがせることはなかった。しかし第一次大戦ころから様相は変ってきた。敗戦国のすべての君主は、強制的に退位させられたし、一九二三年トルコのケマル・パッシャとの戦いに敗れたギリシャのゲオルギオス二世も退位せねばならなかった。

これらに比べれば、第二次大戦後の日本国民と皇室との関係は、戦争裁判・新憲法の強制等の占領政策の受容という高い代償はあったが、よくその根幹を維持できた。これはまことに現代の奇蹟というべきである。それを可能にしたのは、なんといっても、わが国民と皇室との間の敬愛と信頼の情が深く鞏固であったことによる。

4　国民の心情と道徳の支えとしての君主の存在

君主制の特色は、上記の六点につきるものではない。とくに国王と国民との精神的つながりに注目すると、君主制には、民主政治のおこなわれている共和国や、独裁制の下にある共産主義国のいずれにもなく、趣きを異にする点が少なくとも三つある。第一は、王家の正統性、第二は、君臣の間の情愛と道義、第三は、君主制と宗教の問題である。

(1) 正統性

ドイツのトライチケという政治学者の言葉に「権力は正しく行使された時、初めて権威となる」というのがある。政治に権力の行使はつきものであり、君主が統治に多少でも関与する限り、それと無縁ではあり得ない。現代では国家が権力の行使を独占している。その行使が、正当なる者によって正しく行使されなければ、国民の不満は鬱積する。君主制の下では、特定のお方が正統なる王室の出であることによって、君主たる地位につかれることが正当化され承認されている。同じトライチケは「一定の家族が、他のすべての家族よりも国内でぬきんでている時、そこに究めがたい神の摂理がある」と言ったが、それは決して十分な説明になっているとは思えない。正統性を確立するものは、王家がその国の歴史にしっかり根をおろしていると言えるほど、その国の生成発展に貢献してきたことと、その統治が中断していないことが重要である。ヨーロッパの歴史を見ると、現に統治している民族の出ではない王家が多いが、長く統治して成功してきた王家としては、デンマーク、オランダ、イギリスの王家をあげることができる。これらの諸王家もたかだか数百年の歴史を経ているにすぎないが、その正統性は、今日しっかり確立されて、国民の支持を得ていると言える。それは長い統治の間に、権力が正しく国家国民の公共の福祉に合致するように行使された結果、国民が王家を仰ぎ見るようになり、その統治が革命によって中断されなかったことを証明している。そのようにして、君主はトライチケのいう権威を持つに至り、国民は正義と理想の体現者として仰ぐようになるのである。

このような視点から、わが皇室を西欧の王家と比較すると、その特長は明らかである。第一、民族固有の王室である。第二、日本の建国といくたびかの国難を国民の中心になってのり切ってこられた御歴代の天皇の御子孫である。第三、建国以来ほぼ二千年、その統治が中断されなかった。皇室と国民が実に強い一体感で結ばれているのは、このような歴史の当然の帰結である。なお疑う人は、このような正統な王室から出られる君主ですら、権力を正しく行使される保証はないと考えるかも知れない。しかし事実として、共和国や共産主義独裁の国においてよりも多くの君主国の政治が安定している。その理由は、王室の方々が自ら無条件で最高の地位にお就きになられる伝統のなかで、自然に身につけられた自制心と高貴なる心情がおありであり、他方多くの優れた国民の輔弼《ほひつ》によって培われた豊かな教養が、政治家や高級官僚に、非公式ながら、強い指導力を発揮されるからだと思われる。投票の多少による正当で決まる民主政治の指導者と、いずれが真に政治に権威あらしめるであろうか。

(2) 君臣の情

あるドイツの詩人は、髭をたくわえたヴュルッテンベルク伯エーバーハルトが、

どんな大きな森の中でも　私は自分の頭を　大胆に
すべての臣民の膝の上に　横たえることができる

と言って、それこそもっとも豊かな王様だと、ほめられたと歌っている。そこには「義は君臣、情は父子」といった美しい情愛の関係をたたえることが、洋の東西を問わず、君主制にとって大事なことだという認識がある。こうした信頼と敬愛は、大統領と国民の間にも成立するし、またそれが望ましいと考えられている。ケネディ大統領、レーガン大統領、あるいはドゴール大統領と国民の間にも、そのような感情が見られた。それがスターとファンの関係に似るのに対し、日本の君臣の方は家族的なように思われる。

昭和二十一年二月の神奈川県を皮切りに、二十九年の北海道まで延べ百六十五日間、敗戦にうちひしがれていた国民を慰問し激励してまわられた時、陛下を涙ながらに迎えた国民と、そしてどんな所にでも入っていかれた陛下との関係は、ドイツの詩を実地に検するがごとくであった。陛下は、お歌いになった。

引揚者に対して

国民と　ともに心を　いためつつ　帰りこぬ人を　ただ待ちに待つ

開拓地

かくのごとき　荒野が原に　鋤をとる　引揚人を　われは忘れじ

和白村青松園

よるべなき　幼児どもも　うれしげに　遊ぶ声きこゆ　松の木の間に

大島診療所

あな悲し　病忘れて　旗をふる　人の心の　いかにと思へば

たしかに国民の一部には、敗戦後とくに戦中のことをうらみがましく回顧する者もいた。だが大多数の国民は、戦の庭では勇敢な兵士であったが、帰ればただ黙々と日々の生業に励んでいた。そうした純朴な民は、陛下の姿を拝して感動し、奮励を誓ったのである。

（3）宗教性

君主は必ず、程度の差はあっても、宗教性をになっている。極めて民主化されたといわれるノルウェーの王室も、その国の宗団の長として宗教的性格を帯びている。イギリスの王室も同様である。国家は、神とならんでわれわれに生命を捧げることを要求できる。その中核である君主が宗教的性格を帯びるのは当然であろう。チャーチルは、その大戦回顧録のなかで、自分がそのために力の限りを尽して悔いないものは、女王と大英帝国であると語っているが、そのように祖国と君主をほとんど神聖視するのが、愛国者の心情である。ましてや千数百年、独自の精神文明と国家形態を発展させてきたわが国の皇室が、民族の神々の祭祀を厳重にまつられていることは、まことに尊いことといわねばならない。しかし日本の君主制に、正しく国家の要請する宗教性を反映せしめるためには、天皇の行わせられる諸祭祀を正しく国家行事のなかに位置せしめねばならない。わが国の神道は、キリスト教や仏教を宗教というのと同じ意味における宗教ではない。この誤りを正すためには、占領中の「神道指令」を否定し、憲法を改正しなければならない。

5　君主制の弱点

すでに論じたところから明らかなように、君主制にいくつかの脆い点があることを十分に承知しておく必要がある。諸外国において多くの君主制が転覆していったのには、この弱点への用心が足らなかったからでもある。

その第一は、連続性の要請ということのなかにある。正統性が連続を要求する以上、いったん断絶すれば、これを取り戻すことは至難となる。ハンガリーのルステム・ヴァームベリーという学者は、「それは少女が一度失った純潔を取り戻すことができないようなものだ」と語っている。君主制が次第に減ってきたのは、要するにいったん断絶した王政を復活することは、ほとんど不可能に近いからである。

第二は、王室に対して要求されている資質が、あまりにも厳しいことである。君主は権威の中心であり、栄誉の中心であり、宗教性の担い手である。それ故、そこには一種の神秘と魅力と高い徳望がただようことが期待される。もし君主が、暗愚であり、放埒であるならば、君主としての権威をつなぐことができない。このためには、国民の側においても、王室を国民の尊敬に値いするものとし、模範となるような家族であり、また立憲君主として正しく振舞っていただけるよう、できるだけご協力申し上げることが望ましいのである。例えば、アメリカのジャーナリズムでも大統領一家の報道については、不謹慎な記事はきびしく慎むと聞く。共和制の下でもそれだけ気をつかうのである。君主制の維持とその真価の発揚のためには、国民の啓発に一段と心がけるとともに、国民と皇室とが心から融和できるよう気をくばらねばならない。

そのためになすべきことは多い。何よりもまず、現代の日本の国民の苦悩を解決して行くことが大切である。それこそは、陛下のもっとも望まれるところに相違ないからである。昭和二十二年に、帝室林野局が農林省に移管されたときの陛下の御製に

うつくしく　森をたもちて　わざはひの　民におよぶを　さけよとぞ思ふ

もしこのような陛下のお心が政治の上に生かされていたならば、十数年後に環境問題が深刻化はしなかったであろう。

また正しい学問や思想をしっかり教育して、日本が君主制を政治の形態とする国家であるとの根本認識を確立し、その維持発展に必要な施策を着実に実行して行かねばならない。しばらく前、国語論議において、吉田富三博士の提言で、正しい国語の書き方は漢字仮名まじり文が本則という大原則が確立されたが、それ以後、ローマ字論者やカナモジ論者の

蠢動《しゅんどう》が止んだと聞いた。同様に、いま日本の思想界において真剣に論議すべきは、日本の立憲君主制が国家体制としていかにあるべきか、の大原則であろう。

6　昭和の御聖徳を仰ぐ

思うに、昭和の五十五年は実に波瀾万丈の苦難の歳月であった。この間にわが国の内政外交が辿った道筋は、今から見れば、いろいろのことが言えるであろう。したがってこれについて異見と対立の生じるのはやむを得ないところである。しかし、好むと好まざるとにかかわらず、それは日本国の歩みであり、いまさら消し去ることはできない。われわれはみな応分の責任を負わねばならない。こうした日本の歩みが、世界史の上にどのような意義をもつかは、しばらく歴史の審判にゆだねるとして、とくに戦争の終結とその後の復興を回顧するとき、国民が陛下に負うものの重大なことを痛感せぬ人はいないであろう。すでに明らかなことは、現在の日本が再び世界のなかで、経済的のみならず政治的にも大きな役割を果すことが期待されていることである。われわれはもはや過去の回想と評価に憂身をやつしている訳にはいかない。日本が、もしこれからの世界のなかで何らかの積極的役割を演じようと望むならば、わが国の態勢を立て直さねばならない。天皇陛下の御在位五十年記念式典において、在日外交団を代表して象牙海岸共和国のコフイ大使は述べた。

「今日、日本は無視することのできない世界の大国であります。日本は国民の教育施設の数と機関の質において有数の国であります。何世紀にも遡る誇るべき文化を保ちつつ、全世界と平和を保っています。これこそ昭和の意味でありましょう」。


正に大使の言われるごとく、それは天皇陛下が御即位の大礼の日のお言葉であった、

「内ハ則チ教化ヲ醇厚ニシ、愈《いよいよ》民心ノ和会ヲ致シ、益《ますます》国運ノ隆昌ヲ進メムコトヲ念《おも》ヒ、外ハ則チ国交ヲ親善ニシ、永ク世界ノ平和ヲ保チ、普《あまね》ク人類ノ福祉ヲ益《ま》サムコトヲ冀《こいねが》フ」の実現を期待したものと言えましょう。今や百数十カ国にもなった国々に貢献するためには、わが国経済をより発展し、人材を養成し、国民の精神を錬らなければならない。そうでなければ、到底この式典の日の陛下のお言葉にお応えすることはできないであろう。

「外に対しては広く諸外国と協調共栄を図り、以て世界の平和に寄与し、内にあっては既往の推移を深く省み、全国民が英知と気力を傾け相協力して事に当るならば、必ずやより豊かな未来を拓くことができると信じます。ここに在位五十年に際して、国民諸君と共に、国運の進展と人類の福祉を祈り、明るくいきいきとした国造りを末永く見守りたいと思います。」


（『正論』誌、昭和五十六年四月号）

九　〈江藤淳教授との対談〉天皇

この対談は、昭和六十二（一九八七）年秋、昭和天皇の御平癒祈願の記帳が全国各地で行われていた頃、次章の拙論「君主制と神道」を読まれた江藤淳氏（当時東京工業大学教授）のおすすめで行われ、『諸君！』誌の同年十二月号に掲載されたものの再録である。

江藤　天皇陛下のご不例が俄かに報じられまして、たいへんびっくりいたしました。幸い経過は概ねご順調だと報じられておりますけれども、ちょうど時期を同じうして、自民党の次期総裁選が新聞の記事になっておりましたね。あるベテランのジャーナリストが話してくれたことですが、陛下のご病気のために、自民党の次期総裁は誰かという、本来なら新聞のトップで報じられるべきニュースの影が薄くなってしまった。やっぱり天皇の存在感の重さにはとてもかなわないことでした。

市村　なるほどね。

江藤　また別の若い新聞記者に聞いた話では、いま宮内庁の記者クラブは、ある意味で有卦に入っている、何を書いてもトップに載るというんですね。これが何を暗示している、あるいは明示しているかは、私どもにとって大きな問題です。やはり陛下が重い病にお罹りになったという不測事があったために、自民党の次期総裁が誰になるかということとの間に、おのずから事の軽重のけじめがついてしまった。

市村 象徴的ですね。

江藤 たいへん象徴的です。これは多くの国民にとっても、思いもかけなかったことかもしれない。しかし、現実にそうなってみると、まことに当然なことと思われるのですね。私はこの二つの話を感銘深く聞きました。

1 時間がすっと消えてしまう

市村 日本の一般国民は、平生はあまり政治とか、国家の大事とか、皇室のことをあげつらわないですよね。ですけど、何かの拍子に非常に強い反応を示します。

たとえば皇太子殿下のご成婚の時なんか、誰も言わなかったのに、かなり多くの家で旗を掲げた。やっぱりお祝いしようという気持になったんですね。こんどの場合も、そんな感じがします。たくさんの方が、お見舞の記帳にまいりましたし、お堀端で手を合せている方もいらっしゃいました。そういう日本人の気持は、平素は秘められているので見過ごしてしまいます。

私のうちに入っている植木屋さんが先日やって来て、皇居のご奉仕に行ってきましたというんですよ。びっくりしましてね。平素そんな話なんかぜんぜんしない人なんです。その植木屋の親父さんが言うのに、私らが行ってましたら、皇后陛下が二人の女官と共に散歩しておられて、傍へこられて、「皆さんご苦労さんです」とおっしゃったといって、そのご様子を感激して話してました。なんでも植木屋仲間が誘い合って行ったらしいんです。この人たちにもそういう気持があるんだと知って驚いたんです。

江藤　坂下門の記帳をテレビのニュースで見ていて、特に感銘深く思いましたのは、六十前後の紳士が、二重橋に向かって正しく最敬礼している後姿でした。ロング・ショット構図でした。ほんの数秒しか映らなかったそのショットに、私は自分でも予想のつかない感銘を受けました。明治天皇がご不例の時にも、多くの国民が非常に心を痛めて、一日も早いご平癒を祈願した。宮城前に心を打つ情景が繰り広げられたということは、当時の内外の新聞にも報じられております。夏目漱石の『こころ』は、明治大帝のご不例が大きなモティーフになっている小説ですが、それをふと思い出しましてね。

つまり、明治四十五年夏の国民の気持と、昭和六十二年秋の国民の気持との間に、どれほどの有為転変の歴史が介在しているか分からないのに、あたかもそれがすべて消え去ったように、その間の時間がすっと消えてしまって、二つの情景が、一つに重なり合ったような感じでした。これは、皇室というものを頂いていない国民には、よく解らない感情かもしれませんね。

2　国家と王統の一致

市村　もちろん君主を頂く国は世界にたくさんありますが、日本の皇室は、長い歴史ということと、それから民族と皇室が一体であるという意味では、かなり独自だと思います。その国の民族の王様が君主であるというのは、ある意味で当然のように思うんですけど、外国の場合、必ずしもそうではありませんね。

江藤　うかがってみれば、その通りですね。

市村　われわれ日本人は、当り前のように思っているんですけれども、世界的に見れば、最も自然な形がたまたま日本にあるということになります。

江藤　たとえばヨーロッパの君主国の場合には、どんなふうになっているでしょうか。英国の場合には、いまのウィンザー王朝は、第一次大戦の頃に王朝の名称をウィンザー朝と変えられたので、その前はたしかサクス・コバーグ・ゴータ朝と言っておられた。ジョージ一世が直接のご先祖ですね。これはハノーバー選帝侯からイギリスに入られて、英国の国王になられた。これはご親戚だったから、王統を継がれたのですね。したがって、ジョージ一世は初め英語をあまり上手にお話しになることが出来なかった。それがたまたま英国の責任内閣制と議会制度の発展にプラスになった。王権が直接政治過程に反映する度合が、言語的能力の不十分さから減殺されて、その分だけ議会制民主主義が発達したという結果を生じたといいます。それ以前に遡れば、英国の王朝の歴史はもっと複雑ですけれども、現王朝はもともとドイツから来られた方が直接のご先祖ですね。

市村　王家相互間の婚姻も、当り前のように思われております。しかし日本人から見ると、オランダ女王のご夫君がドイツ人、なんていうと非常に妙な気がいたしますよね。

江藤　現にいまのエリザベス女王のご夫君、フィリップ殿下（エジンバラ公）はギリシャの王族ですね。

市村　ですから、国と王統と民族とが二重、三重になってますね。

江藤　そうですね。

市村　日本の場合は、島国だったということもあるんでしょうけど、民族も、国家も、王統も、大づかみにいえば一致している。純粋国家のような姿になっているんですよね。こういうのは一面ではありがたいことですが、他の国の人からみると、のみ込みにくいかもしれません。

江藤　その点は日本の皇室を考える上で重要な視点だと思います。世界に君主国は色々ありますけれども、必ずしも国民と王統が一致しているというわけではない。近いところでは現在中国は人民共和国制ですが、最後の王朝は清朝で、これは満州族の征服王朝ですね。しかし中国の歴史では何もその時だけではありません。漢民族以外の王朝というと、元もそうですし、その他もう少し小さい王朝もあった。だから日本が優れているとか劣っているとかいう意味ではありませんが、やはり日本の皇室の国民との等質性は、認識して置かなければいけないでしょうね。陛下がサンマとイワシが食べたいとおっしゃると、われわれはホッとして安心するのですからね（笑）。

市村　他民族によって征服せられて、それに支配された歴史は、日本の場合はありませんね。緩徐な流入と融和というのはあっても。そういうのは世界の歴史でも稀有な例ですね。

江藤　ほんとですね。

市村　そのことの結果として、日本の国民と皇室との間の感情は、既に古代に親しい気持であったのが、長い間のいろんな国内の紛争と苦難を経て、また思想的には仏教と儒教との並存融和の道をさぐりあてることに成功して、だんだん固まってきたと思うんですね。

しかし率直に言って、日本の君主制が非常にしっかりと、近代的な国家の礎の上に据えられたのは、やはり明治四十五年の歴史だろうと思います。特に明治前半の苦心は大変なものだったでしょうね。あのわずかな期間に、よくも徳川時代のような封建国家から近代国家に変わり得たものです。明治の先人はやっぱり偉大だったと思いますね。

江藤　本当にそうですね。以前、上山春平先生と『諸君！』誌で対談する機会がありました。上山先生は主として大嘗祭の問題を提起されたのですが、その時にも話題になったことですが、帝国憲法と旧皇室典範はいわば二重構造になっていた。上山先生のご所説によれば、律令時代から唐制を受け入れて、国家制度を整えるといういわば「近代化」の意図と、いつとは知らず、古くから言い伝えられている皇室のしきたりとのあいだには、既にして二重構造が存在した。明治国家の場合には、その叡智を大変うまく取り入れて、一面においては近代的な立憲君主国の確立をめざしながら、しかしそのことによって古くから伝えられてきた皇室の祭祀が断絶しないようにするという、深い慮りをも失わなかった。そういうところに、急速な近代化を遂げつつも、反面古くから伝えられた宮中の祭祀が変わりなく維持されて来たということの原因があるのではないかと思いますね。

市村　そうですね。明治の祝祭日の決め方なんていうのは、よく考えられてます。宮中の祭祀として守られてきた日本の伝統を、国家的行事として組み込んだわけですね。祝祭日にもかなりの部分が継承されております。元の意味はなくなっても、その日がなぜ選ばれたかということになれば、やはり伝統につながるわけで、そういう意味では、明治日本というのは非常にうまく国家体制をつくったと思いますね。

江藤　飛躍と継続を共になし遂げたというのは、ほんとに稀有なことだったと思います。

市村　第二次大戦後もう四十何年経ちますが、初めて独立したアジアその他の国々が、西洋化の衝撃を受けて近代化の途上にありますが、今までに実際どれだけのことをなし遂げたかを考えますと、明治は憲法が出来、教育勅語が出るのに、僅か二十数年でしたね。よくやったと思います。しかもいまほどいろんな情報とか知識というのがなかった時代ですから。それだけ過去からずっと蓄積されてきたものが大きかったと思うんですね。

江藤　これは市村先生に伺いたいのですが、タイ国が同様に君主国で、タイ国の政治文化一般に王室の果たしておられる役割は重いと聞いておりますけれども、タイの場合などは、そういうところはどういうふうにやってこられたのでしょうか。

市村　私はタイの歴史の専門家ではありませんので、詳しいことは存じませんが、タイ族の王朝というのは十三世紀末葉のスコタイ王朝か、あるいは十四世紀中頃のアユタヤ王朝でしょうから、日本と較べますとかなり新しい歴史ですね。タイ民族そのものが、その前に徐々に中国大陸から移動してきたのですが、その初期の段階からいくつかの土侯国を形成していたようです。民族移動の当初から王を戴いてきましたから、やはりそういう伝統があったのでしょう。同じ頃成立したラオスのラーンサーン王朝もカンボジアのアンコール王朝もそうですし、王を戴いて国を建てるというのは、あのへん一帯の部族の伝統であったのかもしれません。もともとビルマのパガン王朝以来の伝統もそうですし、マレーシアではいまでもスルタンが交代で王様になっているという独自の王制が続いています。ブルネイも王国ですね。ですからそういう伝統はだいたい東アジアの伝統だったんだろうと思います。みんな少数民族ですけれども……。

江藤　漢民族の伝統とはだいぶ違いますね。

市村　漢民族は、古代の堯舜の時代から、一番優れた人を王様につけるという思想と、それからやはり血統を重んじて子孫を立てる思想との二重構造になっているわけですね。その矛盾を結局解かないままで来ましたのが、中国の不幸なところだったと思います。

江藤 そこに易姓革命の思想も出てくるのですね。

3 日本の国家思想の中核

市村 私どもがいろいろ若い頃勉強したところでは、孔子もその問題で非常に悩んでいたことが、『論語』を読んでいると、随所に看て取れます。孔子は、決して易姓革命の思想が良いとは考えていなかった。湯武《とうぶ》放伐の武王を評して、「未だ善をつくさず」と言っていますから。

江藤 そうですね。易姓革命もやむを得ざるものと決断したのは孟子でしょうけれども、その昔孟子の書を積んだ船は、日本に近づくとみんな難破すると言い伝えられていたように、中国の易姓革命の思想と、日本の伝統の思想は、相矛盾するというはっきりした自覚を、日本人はずいぶん昔から持っていたようですね。

市村 日本人は外国の思想に接する前に、既に皇室の御子孫を立てて君主と仰いで、国家体制をつくるという考えをはっきり確立していました。おそらく日本人の国家思想の中核は、そこだと思うんです。これは明らかに純粋日本の思想で、他の思想と融和してだんだん強化されていきましたけれども、どうして日本人がそういう思想を持つに至ったかというと、どうやら自然醸成的にそうなっておりますね。

江藤 そのようですね。

市村 西晋一郎先生が昔書かれた書物の中に、これは日本民族の叡智であるとしか言いようがない、と書いておられまして、感銘を受けたことをいまだに憶えております。君主と国民との関係を、世襲でつないでいくのがいいんだという考え方は、他の国にはほとんどなかったんじゃないでしょうか。そういう意味では、いまから何千年も前にそういう思想に固まったというのは、やはり日本人の民族性と非常に深いところでつながっていると思いますね。

江藤　そうですね、古代ギリシャには共和政の国もあり、王制の国もありましたけれども、王制は必ずしも王統という思想につながりませんでしたね。ローマも皇帝を立てましたけれども、当初から元老院との共治制で、元老院の承認がなければ正統的な君主とは認められませんでした。のちには軍隊が皇帝選出に大きな力を占めたといわれております。

市村　日本人は祭政一致でやってきましたね。「政祭一致」ではなくて、祭のほうが先で、神意にかなうように政治を行なってきた。

江藤　それが近代になってから、はっきり印象づけられたのは、今上陛下が即位式を京都であげられて以来でしょう。昭和三年、大正天皇の諒闇が明けて、十一月十日に紫宸殿《ししんでん》で即位の式典が行なわれた。もちろんその前に、午前中には、賢所《かしこどころ》大前の儀があって、即位のことを皇祖皇宗の神霊に告げられるところから儀式が始まったのですが、即位を内外に宣布されたのは、午後行なわれた紫宸殿の儀ですね。その直後、十一月十四日から十五日にかけての大嘗祭《だいじょうさい》がとり行なわれました。

即位式よりも、本当はこちらの方が先だという議論も成り立つかと思いますが、この大嘗祭こそ、古来の皇統継承の秘儀であると考えられておりますす。これこそまさに祭りと政事の原点ですね。当時折口信夫博士が信濃教育会の求めに応じてされた講演が、『折口信夫全集』の中に「大嘗祭の本義」という題で収録されておりますけれども、その中で折口先生は、日本の稲作農業と日本の祭りとは非常に深く結びついているといっておられます。大嘗祭が行なわれるということになりますと、その時に神前に捧げる神穀とお神酒を生育させるべき国が指定される。京都を中心として、以東以南は悠紀《ゆき》、以西以北は主基《すき》ですね。昭和の御大典の時は、悠紀田は滋賀県で、主基田は福岡県が選ばれた。選ばれたところで採れたお米が、御大典に間に合うように然るべき手続きを経て京都に送られてきて、それが大嘗祭に用いられるお神酒になって納められる。京都御所の中に黒木の神殿をお造りになって、そこで夜を徹して御儀が取り行なわれたというふうに伝えられています。

祭儀のクライマックスには、あらゆる灯を消して、陛下お一人で儀式を執行される。これは新嘗の時になさることと本質的には同じなのですが、秋の宵闇が深くなる頃から始められて、明け方に至るという式典ですね。それによって皇統の持続が初めて確認されるということで、折口先生のご所説によれば、帝の御身体というものは代々替わっていかれる、しかし天皇霊というものがあって、これは替わらない。従って大嘗祭が取り行なわれている時の天皇は、神武天皇であり、明治天皇であり、大正天皇であり、今上に先行される百二十三代のあらゆる天皇と一身同体である。つまり通時的・歴史的時間から解放されて、共時的・超歴史的な空間の神域の中で行なわれる秘儀が大嘗祭である。これがこの上なく大切なことだと思いますね。

4　国の命の連続性ということ

市村　ある国の命というもの、別の言い方をすれば、人々がそのためには命を捧げても然るべきだと考えるような大義の根源をどういうふうに認識するかということですね。日本のような古い国家の場合には、国の命の連続性ということをどこで具現するか。やはりいまおっしゃったようなことが、日本の国家、日本の民族の生命の根源というのを具現しているわけですよね。そこを非常に長い歴史の中で素直な形で育成してきたのが、日本の皇室の一番ありがたいところだと思います。途中にいろいろ波風はありましたけれども、よくそれを乗り越えて残ってきたと思うんです。

江藤 その通りですね。

市村 トインビーが、「日本の心」ということを論じたエッセイの中で、日本の神道は、農業の衰えと共に衰えるだろうと書いているんです。工業化とともに農業のウエイトは下がってくるし、農作と結びついていた日本の伝統は、意義を薄めるかもしれないと言う人もあるんですが、私はそうは思いません。たまたま農業が昔の産業であったから、それと結びついた形で来たんでね。別の産業が興っても、その精神は、多少形を変えることはあっても、依然として続いていくはずですよね。稲を祭る時と、建築会社が建物を祭る時と、精神が違うということはないわけです。トインビーも、わりと簡単に割り切る人だなという感じを持ちましたね。

江藤 折口博士は、「食国《おすくに》」という言葉についてこういっておられます。「食《お》す」は「食《く》う」の敬語であると。大嘗祭の秘儀は、一面からいうとひどくエンテリックな、神秘的な儀式のように思われますが、悠紀田、主基田が特定されるところから始まることからも明らかなように、生産と密接に結びついている儀礼なのです。近代以前の日本は農業国ですから、稲作の生産によって国が推持できるように、祈りをこらされるのですね。つまり、これはもともと経済合理性を内包した祭りであって、そもそも人間の生命の維持、ひいては国民経済の発展ということと無関係ではない。日本が近代産業社会に参入して以後は、高度な産業国家として発展を続けていますが、社稷が国民経済の発展と不可分に結びついているという解釈が正しいのであって、それを農業と限定するのは、トインビーにも似合わぬ、やや短絡的な近代主義的議論だと思いますね。

市村　ええ、そういう太古の儀式が、ほとんど変わらないで守り伝えられたというのが、これはまた何とも言えませんよね。

江藤　その通りです。

市村　もし仮に西洋で、ギリシャのアポロの神殿が今日伝えられ、ギリシャの儀式がそのまま守り伝えられていたら、世界中の古典学者は随喜の涙を流してそれを参観すると思います。しかし日本にはそれが残っているわけですよ。

江藤　われわれは、これまで日本は君主国だという前提でお話を進めてきたように思いますが、これには異論を立てる人もいようかと思います。それは、たとえばこんな議論かも知れません。今上陛下が践祚され、即位された時の憲法典は帝国憲法である。皇室典範は旧典範である。これに対して現行の憲法は、一九四六年憲法である。皇室典範もそれに応じて、とにもかくにも改正されている。従っていま日本の国柄は、民主国であって君主国ではない、という理屈です。しかし、これについては現行憲法典の一条と二条の相互連関をよくよく考えなければいけない。第一条には、天皇は日本国の象徴で、日本国民統合の象徴であり「この地位は主権の存する日本国民の総意に基く」と規定されている。しかし第二条には、皇位は世襲であると規定されている。この二つの規定は相互矛盾であるのか、ないのか。私は、第一条と第二条の連関を考える時、市村先生のかねてのご主張の通り、日本は依然として君主国だというのが正しいという議論が成り立つと思います。「総意に基く」と書いてありますけれども、この「総意」は、国民投票で一々確かめる総意では決してありません。「総意」とみなして皇室の存続を認めるという、みなし規定だと思います。それが当然第二条に響いていくと考えれば世襲であるということもまた「総意」に基くと考えられる。日本は近代社会で国際的に受け入れられている民主主義の原則を尊重するということにおいて、どの国にも劣るものではないけれども、それをとり行なうあり方として、皇室を中心にやっていくということになる。幸いにして皇統は維持しましたけれども、六年半の外国による占領を体験している。その占領時代に制定された現行一九四六年憲法でも、皇位が世襲されるということを、国の内外を問わず、何人も否定出来なかったことは、控え目にいっても大きな意味を持っていると思います。

市村　そう思いますね。

江藤　その意味において、日本は君主国であると言って、少しも差し支えないと思うのです。

市村　日本は共和国だというふうに言う人もいるようですね。ですけれども、おっしゃるように、選挙によって皇室が選ばれるということは、まだ一回もやられてませんしね。でも何となくそういうふうにやったほうがいいんじゃないかというようなニュアンスの議論もありますよね。

外国の場合ですと、その国が戦争に負けますと、だいたい君主制は滅びたんですよね。ドイツの場合もそうでしたしね。

江藤　イタリーもそうでした。

市村　ですから、敗戦に耐えたということは大きなことだと思います。普通ならば、滅んでもやむをえない時なんですね。厳しい戦争で、国民の払った犠牲も大きいですから、普通なら恨みつらみが出てくる。それが出なかったというのは、日本の民族の持っていた皇室への凝集力の強さを示していると思います。

江藤　おっしゃる通りだと思います。その点についてはは占領者のほうが調べた記録があるのです。私は昭和五十四年から五年まで一年間、ワシントンのウィルソン・センターに行って、主に占領軍が日本で実施した検閲の原資料を調査する仕事をしておりました。当時、ＣＣＤという略称で呼ばれていた民間検閲支隊というＧＨＱのＧ２の下部機関が、隠密で、日本のマスメディアをはじめ郵便の開封検閲・電話の盗聴などあらゆる検閲を能率よくやっていました。全国を九地域に分けて、毎日一地域五百通の封書を、極秘に開封しまして、民意の動向を探っていた。四千五百サンプルの内密な世論調査を毎日やっていたのと同じことです。それをキー・ロックというシステムで項目別に分けて、各地区から東京のＣＣＤの本隊に送り、時々刻々と日本の民心の動きをうかがっていた。カーター大統領時代に、情報公開法のおかげでその記録が調べられるようになっていたので、私はいろいろとコピーを取って来ました。

それを見ますと、占領時代の混乱した時期であり、食糧不足で国民生活もつらい時であるにもかかわらず、常に九〇％内外が絶対皇室護持なのですね。これは占領者に対して、少からぬインパクトを与えたと思います。

市村　そうでしょうね。私は検閲された手紙をいまでも持っておりますが、スコッチテープで貼ってありましてね。スコッチテープって便利なものだと感心したのを憶えてます（笑）。

江藤　そうです。あれですよ。

市村　大正デモクラシーも経験し、日本人にも皇室に批判的な意見もずいぶんありましたけれども、明治大正昭和を通じた教育、特に義務教育過程において、皇室と国民との関係を大事にしなきゃいけないという教育が、ずっと浸透していたと思うんです。その大きな成果が、そういう時に本当に力を発揮したんですね。その後の教育で、もう天皇さまなんかいてもいなくてもいいんだという教育を、本当にやったとしますと、いくら日本の歴史的伝統がありましても、国民意識は急速に変わったでしょう。

昭和三十何年頃、そういう教育をしようと考えた人たちもかなりいましたね。それに対して各方面からかなり強烈な反撥が起って、ようやくいまのような状態になったと思うんです。

ですから、戦争に負けてからの十年、二十年の期間は、わが国の君主制にとっては、非常に危ない時期じゃなかったかと思います。今もそう安心はできませんが。

江藤　日本の君主制が、戦後の混乱期を越えて維持されてきたことについては、何にもまして今上陛下のご努力が大きかったと思います。

5　「常ニ爾臣民ト共ニ在リ」

市村　本当に大きいと思いますね。いまでも祭祀は陛下お一人で担っておられるわけでしょう。あまり力んで言うべきことではないんですが、本当はそういう祭祀は、国の姿の中に取り込まれるべきものですよね。君主が君主であるためには、君主の行なわれる歴史的な伝統となっている祭祀は、国家行事として組み込まれないとおかしいと思いますけどね。

江藤　同感です。

市村　そういうことは、いつの日か、日本人の心がそこに向いた時に、あまり肩肘張らない形で、実現してほしいと思うんですね。

江藤　よく外国人に、特にアメリカ人が多いのですが、なぜ陛下は退位されないかと聞かれることがあります。占領中既に退位の可能性が議論された時期があります。その後占領終結を機にどうかという声があり、皇太子ご成婚の時にもあり、昨今はご高齢だからと――これは、「ご苦労さまでした」という善意の国民からの声が多いのですが――退位をお勧めする声もある。しかし、これは経団連の会長が名誉会長になるとか、オーナー会社の社長が会長になるのとは本質的に違いますね。善意でしょうけれども、やや軽率な考え方で、ご退位が論じられている面がある。なぜ退位されないかについては、終戦の詔勅で、陛下は既に明らかにされている。特にこのことについて言及しておいでになる。

一つは、実は毎年八月十五日の追悼式で繰り返されていることですけれども、陛下は「五内為ニ裂ク」――国民の悲嘆を思えば身内が引き裂かれるようである――と終戦の詔勅で宣われた。占領終了直後から追悼式が行なわれ、後に全く制度化されましたけれども、陛下は「五内為ニ裂ク」を、現在では「今なお心の痛むのを覚えます」と普通の言葉で繰り返しおっしゃるために、毎年追悼式にお出ましになるんじゃないかと、私はひそかに考えております。

それと共に、あの詔勅の中で忘れられないことは、「朕ハ……常ニ爾臣民ト共ニ在リ」と宣われていることですね。堪え難きを堪え、忍び難きを忍び、仮にも暴発行為に走らないで、日本の国が名誉ある復権を遂げるまで、復興に励んでほしい、

「朕ハ常ニ爾臣民ト共ニ在リ」と、あそこで誓っておられます。そうであれば、天皇の御位を退かれるということは、あり得ない。退位あるいは譲位、摂政宣下というようなことは、すべて論外になります。そのご生涯を国民と共にあることのために捧げられると、あのつらい終戦の詔勅で陛下は誓っておられる。となれば、陛下にとってご退位などということは、とんでもないことだということになりますね。

市村　それに退位という制度がありません。

江藤　そもそも、その通りです。

市村　田中耕太郎さんにしましても、南原繁さんにしましても、「退位」をおっしゃったのは、そのお気持ちの中に、戦争の責任を負って、退位をしてもらいたいという意味合いがあったように感じました。

もしそういうことを言われるのであれば、二人とも責任のある地位にいた人なのですから、まず自分の責任をどうとるかを言うべきでしょう。自分は戦後の体制の中で最高の権威ある地位にいるのですから、責任をもって陛下を補弼すべき立場ですよ。自分がつかえるべき君主に、まず退位しろなんていうのは言語道断だと思います。

もし法律学者として言うならば、退位という制度をいかにしてつくるのか、立憲君主である天皇に向ってそれを言うなら、田中耕太郎さんなんか、まさに法律学者なんだから、それをご用意申し上げて、それが民意によって国会の議を経て、きちんと出来上がるということがあるなら、そう言われてもいいですけどね。ずいぶん無責任な人だと私なんか思いますねぇ。

江藤　私もだんだん分かってきたことですが、元をただせば、占領軍の圧力でしょうね。とにかく戦後日本の学界は、占領政策の合理化を要求されましたから、特に占領当初には今では考えられないような発言をする学者もいたようですね。

市村　当時、直接補弼の任にあった人は、あるいは自殺し、あるいは割腹し、あるいは絞首台に消え、ほとんど責任を取ってるわけです。

江藤　その誰一人、陛下を責めまいらせてはいない。

市村　そうなんです。陛下の聖断によって生存する恩恵に浴し、しかもその後の国家体制の中で、栄冠栄位の地位を占め、戦後の日本を再建すべき最も責任ある人が……、自分の職責は一生懸命おやりになったでしょうが、何の必要があって陛下に退位しろなんて言うのか。そういう人は、どこか心の一隅に、こんどの戦争がこういう結果になったのは、陛下の責任が大きいという気持があるんじゃないかと感じますね。もしそうなら、自分たちは終戦のためにちょっぴり努力されたんでしょうけど、戦争が起った時に何も反対しなかったということでは一緒じゃないですか。戦争直後のあの時代のある種の知識人仲間の雰囲気の中で言われたんでしょうけどね。

6　終戦の詔勅の意味

江藤　私もそう思います。悲しいことですけれども、人間はかくも弱いものかという感慨を抱かざるをえないですね。

市村　憲法学者だった佐々木惣一先生などは、戦後もずっと生きておられまして、そんなことは一言もおっしゃらなかった。清水澄《とおる》先生なんかは身を投げて憲法を守ろうとなさった。

江藤　帝国憲法を守りえなかったことをお詫びするといって、熱海の錦ヶ浦から身を投げられたのでしたね。

市村　人間として、ああいう時にどう行動するか、その時こそ真価が問われると思います。

江藤 その総てを深いお気持でご覧になりつつ、あらゆる責任を引き受けて在位し続けようと決意されたのが、今上陛下だったと思うのです。

市村 私どもは、そのお気持の何十分の一かでも汲み取って、せめて世の中の一隅であの戦争の意味を明らかにし、また立派な日本の再建に努力していきたいと思ってきました。

江藤 政府が戦没者追悼の日を制定したのに続き、内閣が代わりましたけれども、靖国懇というのが設置されて、私も委員として審議に加わりました。その時、私は終戦の詔勅を重視するものですから、これを法的にどう解釈するか政府に問うてみたのです。終戦の詔勅の中で陛下は、非命に倒れた者、職域に殉じた者、つまり靖国神社に合祀されているような人々については心痛するばかりであると仰せられている。国民はそのお言葉を今でも記憶して受け入れている。このコメントを現政府はどう考えるのか。そのことをまともに受けとめれば、こんな懇談会で一年間も小田原評定をやるのは無益なこと、政府が靖国神社に祀られている方々に対して公式参拝するのは自明の理ではないかと思ったからでした。

ところが、政府側の答弁では、今この席では早急にはお答えできません、法制局とも相談いたしまして、次回の懇談会で見解を述べさせていただきます、ということになりました。次回の懇談会で、政府側が読み上げた答弁はというと、終戦の詔勅は基本的には、当時の旧憲法による天皇の外交大権の行使が行なわれ、ポツダム宣言の受諾を国民に周知せしめるために発出されたる詔勅であって、いわばワン・シーンであると解釈する、法律的にはこれで終っていると法制局は回答してきましたというのですね。いまの流行語でいえば

「よく言うよ」という感じで、私は唖然としました。回答してもらった労は多とするけれど、全く納得ができない。陛下のお言葉を国民がどれほど深く受けとめているかということは、人間の記憶を抹消しない限り消すことはできない。片々たる法制官僚が何を言おうと、この事実は変わらない。陛下のお言葉を深く受けとめている遺族は言うに及ばず、多くの国民も当り前じゃないかと思っていることをそのままに生かすのが政治ではないか。こういう意味のことをその席で発言した憶えがあるのです。

市村 靖国問題は、戦後しばらくの間は、内閣総理大臣も参拝していて、別に何も問題は起らなかった。

江藤 占領中でも、サンフランシスコ条約調印の直後、吉田さんがお参りしている。朝日新聞は、これを公式参拝と言っておりますね。

市村 だんだん国民の意識が変わってきて共産党と宗教界の一部の人々が反対論を唱えはじめてから、それに引きずられて、憲法違反だとか何とか言い始めた。もし誰か家族が、あそこに祀られるのを快しとしないのなら、自分たちの流儀で静かに祀ればいいんです。仮に今世論調査をやって、これだけ大勢の国民が死んだんだから、国の予算の一部を割いて靖国神社を守りたいと思いますが支持してくれますかと訊けば、まあ八割ぐらいは支持するんじゃないですか。

江藤 そうでしょうね。空気といえば空気のような……。

市村 別に今、国の予算でこの神社の維持費を支弁すべきだと主張はしませんが、閣僚が参拝することをとやかくセンセーショナルに問題視する風潮はおかしいですね。そういう一連の流れを見ていますと、憲法の一、二の条項を楯に取って為にする運動が行なわれているんじゃないですか。

江藤　憲法にどううたってあるからどうだこうだという議論が一方にあるけれども、おそらくある年齢以上の国民の圧倒的多数は、終戦の詔勅で陛下が宣われたことの一言一句を憶えていて、それを心の支えに生きている。靖国の問題にしてもそうだし、陛下のご在位についてもそうです。陛下と共に昭和という時代を過ごしてきた多数の国民がいるのです。そのことを恰《あたか》もそうでなかったかのように装う政治は真面目な政治ではない。

市村　憲法を解釈する場合でも、憲法の文面のみで解釈したり、またある特定の解釈をとって、神前で政治運動をくりひろげるのは、心ない行動ですね。言葉の解釈には幅があると思うんです。たとえば、防衛問題などそうです。世界中の国で防衛力を持たない国がないのに、防衛力がなくてもよいという解釈を、無理したら出来なくはないでしょうが、国の憲法解釈として承認するのかどうか。防衛の憲法解釈は、国家体制の根幹にかかわるのですから、それはもう少し慎重に考えてほしいですね。

江藤　本当にそうですね。私も、靖国懇の席上で、こういうことを述べたことがあるんです。防衛問題については、いろいろ意見がある。学界の多数意見はおそらく自衛隊違憲説である。にもかかわらず自衛隊は存在している。憲法学上のアカデミックな議論は現行憲法が続く限り続けてもいいでしょう。しかし、国の防衛を等閑に付すことは出来ないから、陸海空の三自衛隊は、当面維持しなければならない。それは現に生存している国民の防衛のために必要なことである。それなら同様に、亡くなった英霊のために、まずお祀りすることを国が決めて、その是非については、現行憲法典が続く限り、また憲法学者に気の済むまで議論させればいいじゃないか。それは高度の政治判断に属することです。一旦緩急あって自衛官が殉職した場合、これをどうするかという問題もあり、それも含めて考えれば、靖国神社を公に護持し、内閣総理大臣が公式参拝するということをまず決めておいて、あとで議論を尽くせばいいじゃないか。なぜそういう取扱いが出来ないのかと言ったことがあるのです。

ところが、そういう取扱いをいまはしておりません。憲法と現実の問題との齟齬《そご》については、いずれ解決されなければならないけれども、それまでの間は叡智をもって解釈する。文言にとらわれて小賢しい解釈をするのではなくてね。

市村 法匪という言葉がありますが、文章の解釈以上に大事なことがあると思います。とくに靖国神社は、公式参拝の是非はさておき、そこには国の為に命を捧げた方々が祀られているのですから、その場は日本国民結集の場であって分裂の場にしてはならないと思います。

ついでに申しますと、一部の左翼知識人や平和運動家が『きけわだつみのこえ』という本を作って、亡くなった人の気持を非常に政治的に利用したわけです。あの書物の中に、私の友人で亡くなった人のも入っているんですが、本人を知っている私から言えば、本人が遺憾だろうと思いますよ。ああいう死者を政治的に利用して何かをやるのは、非宗教的態度です。ああいうことはしてはならないと思います。

江藤 その通りだと思います。

市村 戦死した人が詳しく同趣旨を書き残しておれば別ですが、それがなければ、その人々の複雑な、或いは崇高な気持は編者が簡単に解釈できない。その文章だって、本人の気持にそって正しく解釈してあげないといけないが、それは難しい。

さらに、もっと重要なことは、亡くなった学徒の遺書であの本に載せられていないものの方が多い。大半の遺書の内容は、あの本の編者の意図とは大きく異なる。その純情な美しい気持をしたためた遺書をのこした人たちは、それこそ何十万といるでしょう。靖国神社が毎月出しておられる「やすくに」という会報に毎号出ている遺書は、実に涙なくして読めません。そういう人の前に、いったいあの書物を政治利用した人たちは何と言うんですかね。時代の風潮が変われば、本当に恥ずかしくなり、慙愧しなければならないと思いますよ。「死者また生くるも、生者慙じず」といいます。わが国の君主制をめぐる論議が、もう少し落ち着いてきて、学者や知識人の間や若い青少年の間にも、そのあるべき姿がだんだん認識されるようになれば、陛下のご心労も多少は減るのではないかと思いますね。

江藤　そういう意味では、最近営まれたご在位六十年の慶祝行事は、若い人たちにも、陛下のご存在の重さを少からず知らしめたと思います。それよりも何よりも、ご不例を聞いて、マスコミはいうまでもなく、これだけの人が陛下のご平癒を祈っているということは、看過し難い厳然たる事実です。いままでどっちつかずの言論をこととして、また全国的な大新聞ですら、さっきも申し上げましたように、陛下の記事を毎日のように一面のトップにしている。そうしないと新聞にならないということを毎日認識させられているのですから。陛下はご病気になられてもなお皇室と国民との深い関わり合いを、身を以て教えてくださっているのだなという感じがいたしますね。

市村　国家というのは、そういう一種の日常的なものを越えた存在だと思うんですね。そういう側面が普通は見えないんですよね。いざという時に出てくるわけで、今たまたまそういう時だと思います。

江藤　そうですね。空気といえば空気のようなものですけれど、風が吹くと空気の存在を感じるというようなね。しかし空気がなければ人間は生きられない。

十　君主制と神道

1　君主制と神道の関係

わが国の国家構造の根本が君主制にあることは、古い歴史と伝統の帰結であって、今さら言うまでもない。明治維新を達成した先人は、日本の近代化のため、この伝統と西欧の議会制度の長所とを接合した「立憲君主制」を大日本帝国憲法の根幹とした。現在の日本国憲法は、天皇の御地位を「日本国と国民統合の象徴」と定め、またその国事行為は極めて限定されているけれども、わが国が皇位を世襲される天皇を中核として国家生活をいとなんでいる立憲君主国であることは変わらない。

神道は、わが国民が太古以来八百万《やおよろず》の神々と共に生き、その中心に天照大神を仰ぎ、そのご子孫と信じる皇族より天皇を立てて国をなして来た歴史伝統と密接不可分である。この趣を、若林強斎先生の「神道大意」は端的に説いて言う。

「アノ天ノ神ヨリ下サレタ面々ノコノミタマハ、死生存亡ノヘダテハナイユヱ、コノ大事ノモノヲ、生キテハ忠孝ノ身ヲ立テテドコマデモ君父ニソムキ奉ラヌ様ニ、死シテハ八百万神ノ下座ニツラナリ、君上ヲ護リ奉リ、国土ヲ鎮ムル神霊トナル様ニ、ト云ヨリ外、志ハナイソ。ジヤニヨツテ、死生ノ間ニトンジヤクハナイ。ドコマデモ此天ノ神ヨリタマハル幸魂奇魂ヲモチクヅサヌ様ニ、ケガシキヅツケヌ様ニスルヨリナイ。ソレヲモチクヅセバ、生テモ死テモ、天地無究ノ間、其罪ハドコ迄モハゲヌ事ソ。」

この言葉のように、君国の護持に貢献して神々の末席につらなり、それによって死生を越えた栄誉を得ようというのが神道の心であるならば、君主制こそが神道の求める国家生活のあり方である。もし君主制が変って別な国家構造になれば、神道はもはや存立できず、ヨーロッパの多くの民族の信仰と同様に滅亡してしまうであろう。逆に、国民の間に生々と信仰され行じられてきた神道の精神が失われれば、わが国の君主制は存続し得ないことは、多少でもわが国の歴史を知る者には殆んど自明のことであろう。もし日本人の大半が神道の心を失ってしまうならば、わが国の君主制は護持されないであろう。

しかるに、自明な筈のこの両者の関係の正しい認識も、現在のわが国の論調を放置すれば、大きく崩れ去ってしまう心配がある。その直接の原因は、占領下の「神道指令」に始まり、現憲法の第二十条と第八十九条に結晶した「神道と国家の分離」を狙った占領政策にある、ことを忘れてはならない。だが、さらに突っ込んで考えれば、わが国の多くの知識人や庶民の心が神道を離れ、また君主制を護持せねばならないとの確信が薄弱になってきたことにもよると思われる。

私は学生として出陣する前、自分は何のために死ぬのかを考え、また生還後の若かりし日々、何のために生きるべきか、思索し続けた。やがて経済学を専門に選んだが、国家の政策は勿論国民生活にかかわり、またいざという時には、国民の生死もかけねばならぬこともある以上、国の大義とは何かを考えざるを得なかった。即ち、国家の政治的基本構造とそれを支える精神の問題、例えば、「君主制と神道」は、重大関心事であった。この機会に、かねて古典、恩師、先学や内外の書物より学びつつ、君主制と神道が擁護されるべき所以について考えた所信を述べたい。学足らず、思い至らず、また周知のことを反復しているにすぎないであろう。御叱正を仰ぎたい。

2　君主制の政治の長所

わが国の君主制が古い歴史に由来することから、この制度がアメリカやフランスの共和制に比して、陳腐で時代おくれであると思う人があれば、それは全く誤っている。政治においては安定が尊いのであり、不安定で断えず変っているというのは、ある制度がその国にはふさわしくないという証明である。世界を広く見渡してみて、君主制の国の政治の方が共和制の下にある国の政治よりも安定しているという事実がある。ここに注目した世界の最も優れた政治学者はむしろ君主制の下においてこそ理想的な政治が行いやすいと考え、これを擁護した。それを主張した学究が、イギリスのエルンスト・バーカー、ウォルター・バジョット、ドイツのマックス・ウェーバー、アメリカのカール・レーベンシュタイン、フランスのベンジャミン・コンスタン等第一級の人々であることについては、既に本書の「君主制の擁護」のなかで述べた。それらの人々が君主制の長所として指摘し、考察した諸点をいま箇条書にして示すと、次の六点となる。

（1）君主は、国家を象徴的に具現する。

（2）君主制は、権力欲を制御する。

（3）君主制は、外交の連続性を保つ。
（4）君主は、政治的調整力として働く。
（5）君主制は、義務をよくわきまえた官僚制と能率のよい行政の基盤である。
（6）君主制下の将校団を中核とする軍隊は、最も自然に発露する団結と忠誠心によって支えられる。

大日本帝国憲法は、こうした君主制の長所を生かすため、天皇を元首として、立法・司法・行政の三権を含む統治権を総覧するものとしたが、しかし実際の運用においては、天皇が国務大臣の奏請に対して、これをくつがえされたことはなかった。即ち、三代にわたるわが国の天皇は正しく立憲君主としてのお立場を守られてきたといってよい。むしろ問題は、天皇を輔弼すべき政党・政府・軍の側にあったといわねばならない。

しかし、天皇は、厳然として帝国憲法第一章に定める権限を所有しておられた。またそのことに異をさし挟む学者も大臣も軍人もいなかった。その資格において、昭和二十年八月、陛下は終戦の御前会議に出席せられて、和を講ずべしとの決断を下されたのである。もしあの時、陛下の出席と御発言がなかったならば、わが国の敗戦にともなう混乱は測り知れぬものとなったであろう。この時陛下のなされたことは、正に帝国憲法第一条の統治権者としての御働きである。この意味において、帝国憲法第一条は、石井良助《りょうすけ》教授の言われるごとく、「最後の光輝を放った」のである。わが国の君主制の真価は、これらのところで、しかと見とどけられなければならない。

現行の憲法が、こうした君主制の長所を生かし、又わが国の君主制の多くの特色を継承するための配慮を欠いていることは遺憾なことといわざるを得ない。

3　わが国の君主制・神道と外国との比較

君主制下における君主の役割は、右の六箇条のような政治面がすべてではない。むしろ君主と国民との間の精神と文化の面でのつながりがその前提であり、より根本的である。何故ならば、君主が政治的役割を果すには、そのお方が君主の地位にあることを「正当」(legitimate) と、大半の国民が認めることが大前提だからである。その正当性が、何に由来するかは、国や民族の歴史と文化によって異ならざるを得ない。

君主がその地位につく根拠は、わが国のごとく一定の血統のお方の世襲とは限らない。一定の手続により適任者を君主に選出する例は、ヨーロッパには頗《すこぶ》る多い。神聖ローマ帝国はこの一例である。後に世襲制の王朝が出来あがってゆくが、それは後世のことである。その時も、キリスト教が全欧を席捲して後は、教会の神聖なる権威によって「聖別」(consecration)されて、即位が正当化されたと考えられた。また古代シナでは、有徳の人を立てて君主とするのがよいという考えで、堯舜の帝位継承を理想とした。だが誰が有徳の継承者かを、どうして判定するかの法則を立てることに失敗し、結局世襲と簒奪の繰り返しに終り、易姓革命が反復された。

これらと比べ、わが君主制が、神代の昔から今に至る数千年間、皇室の御子孫のお一人が天皇に即位されることを正当であるとする国民の信念、ないしは皇室への国民の敬愛の念が不動であったことは、いかにも独自のものである。

さらに、ヨーロッパの王室を見てみると、デンマーク、オランダ、イギリスの王家のごとく長く立派な統治を行われた例を見出すことができる。王家は、必ずしも統治される国民と同民族の出でないにもかかわらず、またたかだか数百年の歴史を経たにすぎないにもかかわらず、その統治の正当性は今日しっかり確立され、国民の支持を得ている。それは長い統治の間に、国王の権力が正しく行使され、国家国民の公共の福祉に合致した結果、国民が王家を仰ぎみるようになったからである。ドイツのトライチケの言ったように「権力は、正しく行使された時、権威となる」のである。今日ヨーロッパの王室は、圧倒的多数の国民から正義と理想の体現者として敬意を払われて、大きな権威となっているといってよい。英国の女王が今日なお旧英領植民地をひとまとめにした「英連邦」の元首（head of the Common Wealth）の地位を保っておられる事実は、この何よりの証明であろう。

アジアでは、日本の他には、独立を失わなかったタイと、マレーシア（スルタン王侯が順次王となる）とブルネイとネパールが王制を守っているが、清朝滅亡後のシナを含め大半の国々が王制ではなくなってしまった。それは第二次大戦後の世界の指導的政治理念が、ソ連邦の共産党独裁制か、米国流の大統領制共和国であったことが影響したと思われる。

他面、ひさしく王制であった国々において、それを護らねばならないという信念が強固でなかったことも認めねばならない。戦前においては、ビルマ（ミャンマー）、インドネシア、ラオス、カンボジア、ベトナム、スリランカ、インド等には、さまざまの形での王侯がおられたし、それら王侯の子孫が、今でも何らかの政治的役割を果している例も少なくないことを見逃してはならない。また名は王ではなくて総統、首相その他であったり、また選挙の洗礼を通る場合も、通らない場合もあるが、世襲的君主に似た統治者の選択が行われる事例も散見される。台湾、北朝鮮、インド等がそうであり、シンガポールも類似の道を辿るかも知れない。このことは、アジア諸国における政治的権力の正当性を承認する国民感情と政治情勢が、まだ君主制と共和政の間に決着していないことを示すと思われる。

これらの欧亜諸国の王室や政権継承の態様を比較してみると、日本の皇室ははるかに安定した正当性の承認の上に確立されている。その特長として、次の三点が指摘できる。

（1）わが皇室は、民族固有の王室である。

（2）わが皇室は、建国と国難及び文化の発展を国民の中心になってのり切って来られた。

（3）その統治が、建国以来二千年近く中断されたことがない。

4　日本の建国と君主制・神道の生成

わが国の皇室が国民によって正当性を認められているというに留まらず、国際的にも高貴な権威をそなえられるに至ったのは、長い長い日本の苦難の歴史を、国民と共にして来られたという事実がひろく海外にも知られているからであることは言うまでもない。なかでも重要なのは、日本の建国時の皇室の御祖先の御働きである。わが国の古典を拝読しつつ、神代の昔や上古の祖先たちの国づくりを回顧すると、我々の祖先が日本の君主制を確立して来た過程が、決して生やさしいものでなかったことに気づく。

まず第一に、上古においていくつかの異なる神々を仰いで暮していた我々の祖先が、協力しつつ、また時に争いつつ、国をつくりおさめ、固めなしてきた事蹟をわが国の古伝は詳しく物語っている。不思議なのは、それが神々の争いを深刻ならしめて、旧約聖書に書かれ、今なお中東に見るような異教との争いに発展せず、共に神祇をまつり、天照大神のご子孫を「すめらみこと」と仰いで、日本という国をなすに至ったという事実である。国生み—国つくり—天孫降臨—神武天皇の御東征—御即位—崇神天皇の御開拓といった長い歴史のなかで、我々の祖先は、皇室を中心に辛苦し、叡智をしぼり、その体験のなかから、今の言葉でいう君主制を基本構造とする国をつくるに至った。そこには学ぶべき外国の先例は全くなかった。シナの古典も、仏教の教典も見るべくもない。正にこれこそ純粋の日本人の心よりする我々の祖先の辛苦の結晶であり、西晋一郎教授の言われた如く「民族の叡智」であった。教育勅語の冒頭に「我カ皇祖皇宗国ヲ肇ムルコト宏遠ニ徳ヲ立ツルコト深厚ナリ」とあるのは、こうした事実を簡明に述べられたものである。

しかもこの建国は、断えず神々を仰ぎつつ行われた。イザナギ、イザナミの両神は、天つ神のみことをかしこみつつ修理固成に従われた。オホクニヌシの神はムスビノ神の神慮を仰いで国づくりに従事された。ニニギノミコトは、天照大神の仰せをうけて、この国に降臨された。そして神武天皇は、天神地祇をまつって即位された。

これらのことは、日本の君主制が神道と一体のものとして生成して来たことを証している。『日本書紀』が推古天皇の詔として伝える次のことばは、それを語ったものである。

「われ聞く、むかし我が皇祖の天皇たちの世を宰《おさ》めたまへる、天にせぐくまり地にぬきあしして、あつく神祇をゐやまひ、あまねく山川をまつりて、はるかに乾坤にかよはす。ここをもて、陰陽ひらけあまなひて、造化ともに調ふ。今わが世にあたりて、神祇をいはふこと、あに怠りあらむや。かれ、群臣ともに心をつくして、よろしく神祇をゐやまひまつるべし。」

そもそも記紀の基本テーマの一つは、こうした日本の叡智の結晶であり、国がらの根本であった皇位とその継承の態様の神聖なる所以を、神話と歴史の伝承のなかで語り、その時行われ、守り継がれてきていた祭祀の伝統を語り伝えることにあったと言えよう。そして祭祀の中心は、天照大神を、その御子孫であり、日本国の君主であられる天皇がお祭りになることである。国民は、これを模範とし、その御心を心として、天皇を仰ぎ、祖先をまつって、己の本分をつくすことを己の道と認識してきたのである。

5　神道と仏教

ところが、こうして一旦は確立するかに見えた日本の君主制と神道にも、内外からの挑戦が発生し、一再ならず危機がおとずれた。わが国の君主制も神道も、それを乗り切ることによって一層その体制を整備し強化すると共に、その信仰を深めもし、包容力を大きくもしたと思われる。

上古日本のあり方に対し、最初にして重大な挑戦は仏教であった。その教えがわが国にもたらされた時、神道の側より強い反撃のあったことはよく知られている。欽明天皇紀に、「物部の大連尾輿、中臣の連鎌子、同じく奏して曰く、我がみかどの天下に王たるは、恒に天地社稷百八十神を以て、春夏秋冬いはひをがむことを事となす、方今改めて蕃神を拝むこと、恐らくは国神の怒を致したまはんことを」とある。

やがて仏像を難波の掘江に流し棄て、火を伽藍にはなって、残らず焼却したといわれる。同様の排撃は、敏達天皇の御代に蘇我の馬子に対する物部、中臣の仏法絶滅の運動として繰り返された。そこには神道と一体になっていたわが国の君主制のあり方がくずれることへの危機感があった。しかもこの頃は、内には氏族間の勢力争いもきびしく、皇室をも巻込んでいたし、外には任那《みまな》の日本府が滅亡して、朝鮮半島での紛争への関与をどうするかを考えねばならない大変な時代であった。

この時に出現して、この仏教と君主制の問題に見事な解決を与えられたのは聖徳太子であった。太子の憲法十七条がその答であった。まず第一条に「和を以て貴しと為し、忤《さから》ふること無きを宗とせよ」とあって、当時の抗争をたしなめて、国家秩序の維持をはかられた。

第二条は、「篤く三宝を敬へ、三宝とは仏法僧なり」と諭され、「人はなはだ悪しきもの鮮し、能く教ふれば之に従ふ。其れ三宝に帰せずんば、何を以てか枉《まが》れるを直さむ」と仰せられたところや、第十条に「忿《あらそい》を絶ち、瞋《いかり》を棄て、人の違ふを怒らざれ。……共に是れ凡夫のみ。是非の理なんぞ能く定むべき」などの言葉を拝すると、太子が仏法僧の力の精粋をとり、それによって国民各層の教化誘導を望まれたことが明らかである。

そして第三条に、わが国君主制の真髄を宣言した、恐ろしいまでの文章がくる。

「詔を承けては、必ず謹め。君をば天とす。臣をば地とす。天は覆ひ、地は載す。四時順ひ行ひ、万気通ふことを得。地、天を覆はむとするときは、壊るゝことを致さむ。是を以て、君のたまふことをば、臣承る。上行ふときは、下靡《なび》く。故に詔を承りては必ず慎め。謹まずば、自づから敗れむ。」

これと十二条にある、

「国に二君なく、民に両主無し。率土の兆民《おおみたから》王を以て主とす。任ずる所の官司は、皆是れ王臣なり。何ぞ敢て公と具《とも》に百姓に賦斂せむ」

という有名な文章は、実にこの時代における日本の国家的自覚としての君主制の根本を宣明したもので、その文章の透徹にはただただ驚嘆あるのみである。太子は、仏法僧が君国に奉仕する姿を明示し、そして仏教もまた大きく生かされてゆくことを信じておられたように思われる。

事実伝教大師は、太子を大東教化活動の典型的実践者と仰ぎ、親鸞上人は、「和国の教主聖徳皇」として讃仰し、「王法を以て仏法を広め」られたことを感謝した。仏教は、多くの国に弘法せられたが、たいていの国では、いつの間にか消滅していった。ただわが国にあっては、仏教は日本国民の教化の糧として、国の政治と文化のなかに巧みに取り入れられて、外国にも稀な隆盛を将来した。その功業の根本は、太子の偉大さにあったと思われる。

先に推古天皇の詔として引用したものは、憲法十七条の制定後三年、太子三十四歳の時で、天皇と共に馬子及び百官を率いて神祇を祭拝された時のものであって、太子の筆になるものであろう。わが国の仏教に処を得さしめられたのは、仏教伝来の当初に太子のごとき偉人が出現したもうたことによるところが大きい。

他方、仏教の側も、一つの巧妙な工夫として「神仏習合説」をつくり出し、神道の教えとの調和をはかった。天照大神の本地を大日如来と説くことなどは、極めて早期に行われたという。こうして仏法は、やがて鎮護国家を祈願し、社会事業に慈悲の眼をひらかせ、すぐれた仏像や堂塔伽藍と共に、さまざまの仏典によって、わが国民の精神を豊かにするものとして国民の間に受容されるようになって行った。

しかしながら、仏教のある種の側面は、神道に入らなかった。例えば仏教の偶像崇拝は、わが国の神社の風光には見られない。わが国古来の宮廷の祭祀は、古のままに行わせられて仏法の影響は入らなかった。私はインドや中国の寺院をあちこちと訪ねたが、その雰囲気から感得するものは、日本の古い神社の風景とは全く異なっている。高野山や比叡山の古い寺院の雰囲気ですら、どちらかといえば、神社の方に近い。即ち、日本人は仏教を受容することにおいても、自己の国ぶりを断乎として守りつつ、しかもその教義や芸術や技能を大胆に摂取した。そして唐招提寺の鑑真和上の例が示すように、常に内外の優れた先達を崇敬し、外来の僧侶達を実に暖かく遇して来た。だからこそ仏法はインドにおいて衰微し、またシナその他でも極端に衰亡した所が少なくないなかで、日本では大いに繁栄しているのである。それは日本の神道が君主制と矛盾しない限りは、異教に対して大きな包容力をもっていることを示すものである。

これを他国の例と較べてみるとよい。インドにおいて仏教は殆んど見られない。そこにはヒンズー教その他の伝来の宗教が殆んど全国民をおおっている。中国の各地にも、仏教はむしろ廃墟として残っているところが多い。僅かに残っているタイやビルマ（ミャンマー）やインドネシアの一部においては、元来の民族信仰の面影は殆んど残存しない。そこにはキリスト教に覆いつくされたヨーロッパにおいて、ギリシャ神話やローマの神殿が廃墟と化したのに似た神々の相剋の非情を見る。日本の姿は、これとは異なっている。儒教とキリスト教については後に論じる。

6　君主制の弱点と危機

さらに君主制への危機は、皇室や有力な豪族の間の争いによっても生じた。すべての制度は、長所と共に弱点をもっている。君主制の弱点は、長所の裏側にある。君主制は、連続しなければならない。この連続ということがいかに困難であるかは、第二次大戦後の世界を見ただけでも明らかであろう。一たび王朝の連続性が破られるならば、易姓革命や共和制への道を開くことになる。このことを少女がその純潔を失うことに例えたのは、ハンガリーのバームペリーという学者であった。

太古以来、皇統を継ぐお方が天皇になられることが正しいと信じて来た日本国民の信念に、初めて本格的に挑戦した者は、蘇我氏であった。その専横非望のあまり、みずから天子たらんと欲したことは明らかである。舒明天皇・皇極天皇の御代、紀綱の紊乱いちじるしい中で、彼らはみずからの墓を大陵、小陵と称し、みずからの家を宮門《みかど》、子を王子と僭称した。それどころか、彼らの行を憤って「天に二日なく、国に二王なきに、蘇我は何たる無礼をなすか」と仰せられた聖徳太子の御女大娘姫王を亡ぼし、また何の科もない太子の御子山背大兄王《やましろのおおえのおう》を襲い、やがて斑鳩寺《いかるがでら》に包囲して、自殺に追込むに至った。しかもこの時、皇族のなかには蘇我氏に味方せられる方も出る始末であった。この中で、敢然起《た》って、蘇我氏を亡ぼして、わが皇統の一系を守られたのは、中大兄皇子、後の天智天皇であり、これを補佐したのが中臣鎌足《かまたり》であった。

ここにおいて生じた問題は、君主制の下において、誰が君主となるかについてルールがなくてはならぬということである。天智天皇はつとにこの点に思いをめぐらされ、皇位継承については、父子相承分法を常の典としようと考えられていたという。しかしながらこの制度が確立するのは、はるか後の明治まで待たねばならなかったのであった。

大化の改新の後、まだそれ程年月もたたぬのに、再び皇位をねらう人物が出現した。弓削道鏡である。彼は太政太臣禅師にして法王となり、いわば法王庁を組織し、大臣豪族の年賀の挨拶を受けるに至った。その野望にへつらった九州太宰府の神官習宜阿曾麻呂《すげのあそまろ》は「道鏡が天皇の位につけば天下太平となる」というのが神のお告げであると言った。さすがに称徳天皇はご心配になり、とくに御信任の厚い尼の法均を宇佐の八幡宮にやって、この真偽を確めようとされた。この姉に代って、勅命を奉じ、八幡の神前にぬかずいて神のお告げを直言したのが、和気清麻呂公であった。その神託にいう。

「我が国家は開闢以来、君臣定まれり。臣を以て君となすことは、未だこれ有らざるなり。天つ日嗣は必ず皇緒を立てよ。無道の人は宜しく早く掃除すべし。」

（続日本紀巻三十、称徳天皇）

ここにおいて日本の君主制の根幹は、神意として再確認された。だがこの結果、清麻呂は大隅へ、法均は備後へ流されるのであるが、その翌年天皇がおかくれになったにもかかわらず、道鏡の野望は実現せず、光仁天皇が御位につかれ、かえって道鏡は下野の国に、習宜阿會麻呂は多褹島《たねしま》に追われ、清麻呂も法均も呼び戻された。この時天皇を補佐して道鏡の野望をくじいた人物は坂上苅田麻呂であった。そして光仁天皇は天智天皇の御孫であらせられたのである。

実は、これより前わが国の君主制にとって、もう一つ別の重大な問題が発生していた。それは清寧天皇や、武烈天皇がおかくれになった時、皇子ましまさず、皇統が切れるかも知れぬという事態となった。連続性が大切な君主制の危機の一つであった。幸いにも重臣豪族が八方に皇統を求めて、播磨と越前から正しい御血統の方をお迎えすることができて、顕宗、仁賢の二天皇と欽明天皇をお立てした。この時驚くべきことは、豪族の主がそれぞれ分を守って野望を抱かなかったことである。即ち、日本の君主制を守る上で極めて本質的な君臣の分定まれりとする考えは、既にこの時代にしっかりと確立していたことが判る。この伝統が皇室とその周囲の有力なる氏族の人々に、また有力なる神官の間に力強く継承されていたればこそ、蘇我氏や道鏡の野望も粉砕されたのである。

考えてみれば、君主制にとって皇統の絶えるということは深刻な事態である。即ち皇位継承の順位は、ひとり父子相承、長子継承というに留まらず、さらに先々まで定めておくことが望ましいのである。今のイギリスにおいては、王位継承の順位は十何番まできめられているという。わが国の場合、これらの詳しい検討も明治の御代まで待たねばならなかった。

君主制への混乱は「院政」によっても生じた。皇位を去られたお方が、上皇と称せられて、天皇を補佐されるにとどまられず、実質上の天皇として政治の実権をにぎられる院政は、白河上皇が堀河・鳥羽・崇徳の三天皇の御代の四十三年間行われて以後、しばしば反復され後醍醐天皇が廃止されるまでつづいた。これが君主制のあり方からして変則であることは明らかである。これでは命令二途に出るため、国政は混乱し、国民の忠誠は方向に迷うことになる他はない。中心は二つあってはならないのである。

このようなことになったのは、皇室の方々の間に、わが国の君主制のあり方への自覚がうすれたからであろう。しかもこのような事態が長びくと、宮中の祭祀と政治が切り離され、神々を祭りつつ、神意にかなう如く政治を行うということができなくなるであろう。

同様の変則的な政体は、「幕府」体制によっても生じた。また皇室が二つに分れられるという不幸なる状態は、「吉野朝」時代五十七年にも生じた。第一は、政治の実権と兵馬の権が、武士の棟梁である将軍に移ってしまった「幕府」体制と君主制との関係という問題を生じる。第二は、いわゆる南朝と北朝のいずれが「正統」であるかという、皇統の正統を何によって判断するのかという古来きびしく論議されてきた問題を生じた。

源頼朝が天下兵馬の権を握って幕府の主となった文治元（一一八五）年から、鎌倉、室町、江戸時代をへて慶応三（一八六七）年に王政復古が実現するまでの間、吉野朝と織田豊臣時代を除き、七百年近くほぼ幕府体制は続いた。それは君主制の下での政治のあり方としては、いかにも変体である。何故ならば征夷大将軍に任じられるのは朝廷ではあっても、君主としての統治権である行政と司法は鎌倉幕府の政所と問注所に掌握され、兵馬の権は侍所に担当された。そしてこれらの執行に当る武士の忠誠の対象は、天皇でなく将軍となってしまったからである。

しかしながら、こうした中央集権的封建制が、七百年もの間日本の政治を支配するのには、それ相当の理由があったと思われる。平安時代の久しい泰平の間に、日本の各地は段々とひらけ、人口も増え、国の政治は一層の引締めを必要とするようになっていたと思われる。地方各地の勢力を放置すれば、日本は国家的統合を失って、ドイツの封建時代のような群雄割拠の姿になったと思われる。室町時代の末期、戦国時代の日本がこの姿を暗示している。しかもこの頃朝廷の周辺では藤原氏、源氏、平家らの諸豪族が、勢力争いに終始して、しかも親子兄弟敵身方に分れて相争い相殺し合って、とんと国の秩序の確立に気を使う風はなかった。この混沌に法と秩序を与え、徴税権を確立して、国の政治に新制を造ったのが、大江広元の全国に守護地頭をおくべしとの建策を入れた源頼朝であった。当時の情勢が、全国を支配する新しい体制を必要としている時、従来の太宝令以来の制度の部分的改善によらず、天下草創の意気込みをもって、新しい封建制をつくったのは、まことにやむを得なかったと思われる。

『神皇正統記』にも、「凡保元平治より以来の乱りがはしさに、頼朝と云ふ人もなく、泰時と云ふ物なからましかば、日本国の人民いかが成りなまし。此謂を能く知らぬ人は故もなく王威の衰へ、武備のかちにけると思へるは誤也」と書かれている。

しかしながらこの幕府なる変体政治が、君主制と両立するための絶対条件は、言うまでもなく幕府の実権者に皇室を尊ぶ至誠があることである。頼朝には、それがあった。

平泉澄先生著『物語日本史』は言う。「源氏は、尊皇と尚武との二つの長所と、残忍刻薄といふ欠点をもつてゐました。その中から尊皇を抜き去って、尚武と残忍との性格のみを伝へたものが北条氏でありました」。

その北条氏が滅ぼされて建武中興がなったのもつかの間、天下の政治の実権は足利尊氏の握るところとなり、後醍醐天皇は吉野にのがれられた。その後五十七年、御歴代の天皇は主として吉野の山中にましますこととなったが、足利方はこの間に光厳《こうごん》・光明《こうみょう》・崇光《すこう》・後光厳《ごこうごん》院らを恰《あたか》も天皇であるかのごとく擁立した。世にこれを北朝といい、吉野にまします御皇室を南朝と称するのは、両者を対等に見るもので適当でない。南朝の正統であることは大日本史の断案があり、また近くは平泉澄先生著『明治の源流』の明快な論断がある。

君主制にとって複数の皇族のお方が、天子として擁立されるという事態は、最も厄介であり、国民としては何としてもそのような事態の生じぬよう戒慎せねばならない。足利氏が一門の私利私欲のために、皇室をないがしろにした結果は、結局国家としての統一をなくし、室町幕府は天下紛乱の戦国の乱世を招来した。このことは、先に幕府体制を容認する絶対条件として述べた条件がここでは存在しないことを意味する。

それが織田信長の努力によって再び日本らしい君主制の本来の姿に戻ったのは、古くより培われた神道の精神が全国の有力な人々の間に生きていたからであった。信長の父信秀が、伊勢神宮へ御造営の費用を、また朝廷へも御修理費を献じたことはよく知られている。この織田家の信条が、信長の天下統一と近世の創始を天皇を仰いでなさしめたのであろう。

江戸幕府体制の問題は、ここでは省略するが、以上の論議によってわが国の君主制が太古以来の信念であるとはいっても、様々の歴史的経験をへる間に、次第にその問題点を発見し、時代的課題を解決する政治の苦難と共存して来たことが判るであろう。大日本帝国憲法と皇室典範に注ぎ込まれた先人の知見は、こうした歴史上の経験を凝集したものであった。その故に、日本の君主制下の政治の正しいあり方を探究しようとする者は、この明治の法体系と政治から再出発しなければならない。

7　君主制・神道と儒教

仏教に比べれば、儒教は伝来の当初から神道の側の強い反撥をかわなかった。それは王仁等が千字文らと共に貢献した『論語』の教えが、わが国の君主制と抵触しなかったからであり、また仏教のように、日本の神々に代って礼拝する対象を提供したわけではなかったからであろう。しかし『孟子』となると問題は別であった。その湯武放伐論は、明らかにわが国の君主制のあり方を否定し、神道の根本にかかわっていた。どういう訳か、孟子のわが国への伝来ははるかに遅れたし、またそれを船載すれば海難にあうと言い伝えられたと『五雑俎』（明代の随筆集）はいう。それは古くより湯武放伐論を否定し、その影響の入ることを拒否しようとした先人が少なくなかったことを推察させる。

問題の箇所は、『孟子』の梁恵王章句下の八である。「湯、弟を放ち、武王、紂を伐つ」

ことを論じて、孟軻は「一夫の紂を誅することを聞く、未だ君を弑することを聞かざるなり」といった。これを朱熹《しゅき》も宋の王勉も、王を警めるものと好意的に解したが、その論は厳密ではない。この点にひそむ儒教の矛盾を鋭利にえぐり出したのは、わが国の諸先哲であった。なかでも谷秦山先生は「中村恒亨に呉ふる書」のなかで、これをシナの建国の原則の矛盾として指摘され、日本の場合と対置された。その要旨は、こうである。

「西土の国を立つるや、本を二にす。謂ふ、伯泰の去り、夷斉の饑うる、君に事へて貳なし、是なり。成湯の放、武王の伐、天に順ひ人に応ずる、亦是なり。天下豈両是あらんや。二本に非ずして何ぞ。夫れ子として孝に死し、臣として忠に死し、婦として貞に死す、此三者は則ち天地の大経。古より今にわたり損撲して破れざるものなり、然れども西土独り臣君を殺すの道あるは何ぞや。其の国を立つるの本原かくの如し。宜なるか、未流の弊、簒弑相踵ぎ、歳ごとに主に易るに至れること。西土の国たる、湯武の大聖ありて、既に放伐の始をなし、孟子の大賢また為に之を祖述すれば、則ち儒者紛紛、やむを得ざるの論も亦必到の勢なり、独り怪しむ、聖朝の人、君を君とし臣を臣とし、忠厚誠篤、数万載の邦に生れ、何を苦しみて他国二本の説を信ぜん。(中略)夫れ皇朝は神明の統なり、一本の国なり。異邦の今日履を売り、明日祚を践む者と年を同じうして語るべからず。」

即ち、シナと日本では国家構造の組織原理が異なるのである。しかし彼の国がそうなったのは、古代シナの情勢上やむを得なかったと思われる。さすがに孔子は、周の時代の弑逆三十六を数えるのを見て、そのよって来るところへの憂慮は深く、また周室の正統を守ろうとの志があったから、武王を評して、「未だ善を尽さず」(論語八佾第三)と言われたのであろう。孟軻には、王室の正統を守ろうという志があったようには思われない。このような孔子と孟軻との違いについては、藤田東湖先生の「孟軻論」が論じて余蘊がない。

勿論わが国においても、儒者の多くは、秦山先生のいわゆる紛々としてシナ流の説を時の権力者に説いていた。例えば、家康にこの問題を進講した林羅山のごときである。

しかし湯武放伐論は君主制と窮極的に両立せぬとしても、その政治権力者への要請という側面は、特に排斥すべきではない。この点吉田松陰先生が、この章を講じられた「講孟箚記《さっき》」は、なかなか含蓄がある。「凡《およそ》漢士の流は、皇天《こうてん》下民を降して、是が君師なければ治らず。故に億兆の中に擇《えらび》て是を命ず。堯舜湯武の如き其人なり。故に其人職に称《あ》はず、億兆を治むること能はざれば、天亦必ず是を廃す。桀紂幽厲の如き其人なり。故に天の命ずる所を以て天の廃する所を討つ。何ぞ放伐に疑はんや。本邦は則ち然らず。天日嗣永く天壌と無窮なる者にて、此大八州は、天日の開き給へる所にして、日嗣の永く守り給へる者なり。故に億兆の人宜しく、日嗣と休戚を同して、復た他念あるべからず。若し夫征夷大将軍の類は、天朝の命ずる所にして、其職に称ふ者のみ是に居ることを得。故に征夷をして足利の曠職の如くならしめば、直に是を廃するも可なり。是れ漢土君師の義と甚だ相類す」。

このようにわが国の君主制と神道と儒教との関係については、江戸時代も末期になると、すぐれた先哲の苦心の考究の結果、正しい接合の仕方が確立していたと思われる。これがやがて帝国憲法と教育勅語を生みだす基盤になったのである。

8　君主制・神道とキリスト教

キリスト教に対する反応は、仏教がわが国に入った時代と類似している。わが国に西洋人が現れたのは、天文十二（一五四三）年種子島であったが、その六年後早くもフランシスコ・ザヴィエルが来日してキリスト教を伝えた。その苦労をいとわぬ伝道布教の努力と、彼らのもたらした新奇な文物と、貿易の利益とは、相まって戦乱の世に苦しみ悩んでいたわが国の上下各層の心をとらえた。そして四十年近くの歳月がたってみると、信仰の普及はいちじるしく、諸大名のなかにも、大友・有馬・高山・細川・小西等の有力大名を含めて、熱心な信者が出てくるようになった。

天正十五（一五八七）年九州にいて、この様子を見聞した秀吉は、日本の風俗と精神に基本的変革を生む兆を看取して、これを禁圧した。禁令の条々がその恐れを明言している。即ち、神国である日本に来て邪法を授けたこと、神社仏閣を打破ること、宣教師は国是に反することの故に、二十日以内の帰国を命じた。そしてさらに五十二年後の寛永十六（一六三九）年には、徳川家光が鎖国令を発してオランダ人とシナ人以外の来航と日本人の渡航を厳禁し、さらに禁教令によって、キリスト教の布教をも禁圧してしまった。

ここに見える日本人のこの異教に対する反応の特徴は、当初の好意的受容と次に来た当局者の拒絶反応ないし政治的断圧の厳しさの対照である。そこには、神道や仏教の側からする教義上の反対も反応も融和策も殆ど出現していない。またキリスト教の側からも、わが国に既存の神道や仏教の教義や歴史を学んだり、それと融和の道を模索したような痕跡もない。そこには、キリスト教の一方的説教への一部日本人の好意的反応はあっても、精神的指導層への浸透はなく、朝廷や政治指導者への影響は皆無に近かった。そして来たものは、断乎たる政治的禁圧である。恐らく本願寺を攻めあぐみ、島原の乱に苦しんだ体験から、当局にはこの異教が危険な政治的勢力を生む種と映じたのかも知れない。

徳川幕府の国内統治の基本は現状維持であった。鎖国――必要最小限の交易は行う――は、その論理的帰結である。頼朝にならって、江戸幕府を鎌倉幕府のごとく組織した家康の幕藩体制は、守護地頭と同様に、国内統治の仕組としては完璧であったが、外国との公易や交渉に問題が生じれば、日本国を代表する者が、天皇か将軍かは明らかでなく、条約を最終的にどこで認証するかも決まってはいなかった。幕末の開国前後の事情がこれを証明する。鎖国は禁教のために始まったが、この意味では幕藩体制の要請でもあった。したがって、禁教は、ただ鎖国のために形式的に存続したにすぎなかった。

明治に開国となって、キリスト教の教義や教会としての神道や仏教ないし君主制への挑戦は、初めて本格的になったといってよい。わが国での挑戦と対応は、未だに終ってはいない。キリスト教と神道とが調和して、仏教のごとく、わが国の君主制を支え、日本国民の精神を深く養うためには、双方の側からの今後久しく続く苦悩にみちた思辨と実践を必要とするであろう。よってここでは、その苦労の趣を推察させる二人のキリスト教徒、内村鑑三氏と河村幹雄教授の苦労について吟味してみることにしたい。

その道の決して容易でないことは、内村鑑三のような熱烈な愛国者にして西洋の教会に属することを肯じなかったキリスト教徒ですら、この道を見出すことに終生苦悩したことから十分に察しられる。明治二十七（一八九四）年、三十四歳の彼は『代表的日本人』を書いて、日本を世界に紹介し、弁護した。屢々その筆は西洋の傲慢への攻撃でもあった。二つのJ（Jesus と Japan）を貴ぶといった内村鑑三が、後年に述懐して語った言葉は、この苦悩を示している。

「英文『代表的日本人』改版の校正を為しつつある。今日上杉鷹山の分を終り、二宮尊徳の分を始めた。今より二十八年前に此の著を為して置いたことを神に感謝する。真の日本人は、実に偉い者であった。今の基督者の教師、神学士と雖も遠く彼等に及ばない。米国宣教師等に偶像信者とよばるるとも、鷹山や尊徳のやうな人物に成るを得ば沢山である。余は或時は基督信者たることを止めて、純日本人たらんと欲することがある。」

時に内村鑑三は六十一歳であった。彼に見るものは、一方において民族的自覚に基づく西洋からの独立の主張と、他方におけるキリスト教の神・天・道・正義に基づく日本への批判と警告である。日蓮は、彼の時までは、仏教は印度から日本に向かって東方に進み、彼の時以後は、日本から印度に向かって改善されたる仏教が西方に進むべきだと語ったという。この言葉を引用して、かくの如き人のみが独り国民の脊椎骨である、と書いた内村鑑三自身、法華経を聖書でおきかえた日蓮の趣がある。

西洋の物質文明の行き詰りと、それに毒された日本が、武をもって鳴り、商工業をもって世界に大をなす道を歩むことの危険性を憂いていた内村鑑三は、大正十三（一九二四）年六十四歳の時に「日本の天職」なる一文を草した。そしてその文初に、聖書の詩篇百十篇三節の「なんぢのいきほひの日になんぢの民は聖なるうるはしき衣をつけ心よりよろこびて己をさゝげん。なんぢは朝の胎より出づる壮きものの露をもてり」という言葉を引用し、その最後に語るところの要旨は次のようである。

《全生涯を金もうけ事業のために費やせし者が、老年に近づいてから、実業界を去って精神界に入らん事を願うと同じく、今や人類全体が憧憬《あこがれ》の目を純信仰に注ぐに至った。これを供する者は誰であるか、日本人ではないか。仏教がインドにおいて亡びし後に、日本はこれを保存した。儒教がシナにおいて衰えし後に、日本はこれを闡明《せんめい》した。その日本人が、今回はまた欧米諸国において捨てられしキリスト教を、日本において保存し、闡明《せんめい》し、復興して、再びその新しい形で世界に伝播するのではあるまいか。日本は神国であり、日本人は精神的民族であるとは、単なる自称自賛の言ではない。恥を知り名を重んずる点において日本人は世界第一である。我らは自分にある多くの欠点を反省すべきではあるが、神のこのたまものを看過してはならない。日本人が信義に鋭敏なるは、これ精神界において神と人とに尽くさんがためではあるまいか。ここにおいてか、前に掲げた詩篇の言が光を放つのであると思う。「なんぢのいきほひの日」とある「なんぢ」は、受膏者すなわちキリストをさして言うのである。神の子キリストが最後に勢力を世にふるいたまう時には、彼の民すなわち従者は、聖なるうるわしき義の衣を着て、心より喜びておのれをささげ、その命に当たるとのことである。

「朝の胎」とは、「日を産み出す所」との意味であって、極東の国をさして言う。「壮きもの」とは、信仰に燃ゆる勇者と解し得べく、「露をもてり」とは、奉仕を受くるとか利益にあずかるとかの意である。よって右の文章は、彼キリストが最後に世を治めたもうた時に、極東の日出づる国の彼の御弟子たちが、その熱心熱誠をもって彼に仕えまつり、彼の聖旨をしてこの世に成らしめるべし、と解して少しも無理でない。キリストは日本人の信仰の奉仕を受くる特権を有したまう。彼の栄光は、我らの名誉である。我等は感謝して召命《めし》に応ずるべきである。

大震災に次いで、友邦米国の移民排斥が起り、わが国の万事非ならざるはないが、誰か知らん、日本国の真の興起は、彼が悲境の極に達した後にあることを。日本人の世界的勢力もまた、亡国とまでは至らざるも、その第一等国たるの地位を抛ちての後の事であると

思う。神が今、日本国をむち打たまいつつあるは、この準備のためではあるまいか。》

これはまことに不思議なる文章であるが、彼が日本と日本人に期待したるところは明白である。そしてそのキリスト教的な装飾を取り去るならば、それは眼を日本の外に向けた日本の知識人が、日本の使命を道義をもってする万国の指導にあると考えたのと一脈通ずるものがあることに気づかざるを得ない。そしてこのことは同じ文章のなかで、内村鑑三自身が、本居宣長や平田篤胤《あつたね》の名を引用してそう言っている。彼はただ、

さしのぼる　朝日の本の光より　高麗唐士も、春を知るらん

という平賀源内の歌を引用しているにすぎないが、もっと端的なのは、横井小楠の、

何ぞ富国と言ひ、何ぞ強兵と言ふ、大義を世界に布《す》べんのみ

という一句であろう。幕末から明治の初めにかけて、日本の維新を指導した人々が持っていた対外政策の理想は、南洲遺訓の周知の一章にもよく表われている。

「文明とは、道の普く行はるゝを言へるものにして、宮室の壮厳、衣服の美麗、外観の浮華を言ふに非ず。世人の西洋を評する所を聞くに、何をか文明と云ひ、何をか野蛮と云ふや、殆んど了解する能はず、西洋にして真に文明ならば、未開の国に対しては慈愛を本とし、懇に説諭して開明に導くべきに、さはあらずして残忍酷薄を事とし、只管己を利せ

むとするは、これ野蛮なりと云ふべし。」

問題は、いかにして日本と日本人をそのような道義の使徒たらしめ得るかであろう。だが内村には不幸な出来事が起った。明治二十四（一八九一）年一月、彼が三十一歳のとき、教育勅語の奉戴式において、天皇の宸署に敬礼することをためらったため、心なき同僚、学生、新聞らの時流便乗派が、教育勅語をかついで、彼を不敬漢とし、よってたかって彼を攻撃解雇してしまった。この時神道や仏教の側から、キリスト教徒を新しい日本の中にいかに包容してゆくべきかを模索し、異教に対して寛容な手をさしのべるような動きは全くなかったように思われる。内村は、天皇や皇室には深い敬愛の念をいだいていたという。しかし教育勅語を国教であるかの如く取扱った当局者や時流便乗者は、国民としての義務に反せざる限りは、信教の自由を認めた筈の憲法の条項などは忘れたかの如くであった。近代国家の形成と外圧からの自衛に苦心惨憺していた当時の日本の性急さや不寛容には、同情の余地はあるけれども、しかし国家の保護に狎れ、それによりかかって厳しい求道と国の歩みへの教導の任をおこたった神道界や仏教界や学界の責任は重いと言わねばならない。このような不幸は、内村をして「教育勅語は礼拝すべきものでなく、実行するものである」と絶叫せしめ、日本腐敗の原因は、「人間を神として祭り、これを国中こぞって支持しようとする」からだと言わしめるに至ったのである。しかし晩年の内村鑑三は、期待をかけた現実のアメリカにも絶望して、結局日本に期待をかけ祈った。「余は日本のため、日本は世界のため、世界はキリストのため、そして全ては神のためなり」とした彼が、死の前々日に述べた言葉は、「……人類の幸福と日本国の隆盛と宇宙の完成を祈る」であった。このような愛国的キリスト教徒を日本国は誇りとしてよく、君主制に何のさしさわりもない。神道とキリスト教との調和にはなお課題が多いと思う。

河村幹雄博士の場合は、同じくキリスト者でありながら、内村のごとく不幸な体験をへず、もっとすなおにわが国の伝統とキリスト教の信仰との両立を説かれた。河村博士は九州大学の地質学の教授であった。博士は、キリストが祖国イスラエルの非常な愛国者であることに注意し、キリストがそうであったように、祖国の「律法」を尊信すべきであると言われる。

マタイ福音書に「われ律法と予言者とを廃つる為に来れりといふ勿れ、われ来りて之を廃つるに非ず、成就せんがためなり」(五章十七節)とイエス自ら語ったことを引用して、わが国の伝統や先哲を無視するキリスト教徒の多くを批判される。また、「イエス彼等にいひけるは、こゝろしてパリサイとサドカイの人の麪酵《めんこう》を慎めよ」(十六章六節)と弟子を戒めているイエスを見て、ギリシャの文化とローマの権力にイスラエルが屈従してはならぬと考えたことを指摘される。そして十二人の弟子を四方に遣して伝道せしめるに際して、「異邦の途に往くなかれ、又サマリヤ人の邑にも入るなかれ、唯イスラエルの家の迷へる羊に行け」（十章五節以下）と諭すイエスは、イスラエルの迷える羊を救うことを自らの使命としていたといわれる。

しかも彼のあらゆる努力にもかかわらず、イスラエルは亡んでゆく。その亡国を眼前にしたイエスはいう。「噫《ああ》エルサレムよ、エルサレムよ、予言者を殺し、爾に遣さるゝ者を石にて撃つものよ、母鶏の雛を翼の下に集むる如く、我なんぢの赤子を集めんとせしこと幾度ぞや、然れども爾曹は好まざりき」（二十三章三十七節以下）。

この言葉を引いて、博士は言われる。「亡国の悲しみをつぶさに嘗めたハンガリアの志士コスートの悲痛なる雄弁にも、かゝる深き哀しみの声を聞かぬ。開ける眼をもって新約福音書を読む者は、「原理イスラエル」によって生き且つ死んだユダヤの愛国者イエスの「忠」を見逃すことはできぬ。バプテスマをヨハネに受けて、四十日を荒野に過してから死に至るまでの彼の一切の行動は、ただ祖国イスラエルを目標として為されたのである。

今日わが国に真の基督教徒があるならば、それは大正日本のサドカイの徒たる偽新思想家の楽天主義と戦ひつつ、一方には大正日本のパリサイの徒たる偽忠君愛国思想家の形式主義の誤謬を指摘する務を果すべきである。かく考ふる時、現日本における真基督教徒は、イエスを「呼びて主よ主よといふ」に非ずして意外の辺にあるであらう」（字句若干改む）。

博士が、この「基督の信について祖国愛のうかゞはるゝ節々」を書かれたのは、大正十一（一九二二）年、三十六歳の時であった。博士は、日本人としてイエスのごとく生きるというのであるならば、わが国の祖訓を重んじなければならず、その精粋が教育勅語であるとして、殊のほかこれを尊重し、教育界にこれを提唱された。これは実に摩訶不思議である。先にそれを国教のごとく嵩にかかって内村鑑三を石もて打った日本の教育界は、四十年の後には、なお河村博士をして「四十年後の今日、我々教育者のやる第一の事業は、明治天皇の御前に伏して罪を謝し奉る事であると思ふ」と言わしめたのである（昭和五年『新尊皇攘夷論』）。

まことに真に日本を愛し、古来の神道を尊重する者は、必ずしも呼びて「日本」と言い、「神よ、神よ」と言う人々ではない。いな、エマーソンが言ったごとく「我等は皆、外形に欺かれ易い」のである。

このような博士には、天皇に対する日本人の敬礼について、内村鑑三がおかしたような誤解は全くなかった。日本人は、天皇をキリスト教のゴッドのごとく礼拝しているのではない。皇祖皇宗の神霊を祭られつつ、神ながらに日本の国をおさめようとつとめておられる天皇を、有難いことと思い、長い歴史を我々の祖先の中心としての苦労を担って来て頂いた――それがどんなに難しいかは、外国の歴史と対比すれば明らかである――皇室への尊崇の念があるから拝礼するのである。

このような信条は、固《もと》より何人にも強制すべきものではない。過去において、ことに信条を異にする人々や外国人にそれを強制したのは、国権の行使を担った当局者や心なき人々の誤りであろう。すべての宗教がそうであるように、神道も日本と日本人が立派な国となり、国民となる時、日本と日本人が道義をふみ行う時、それが神道の顕現であり、その事実がその道を弘めるのである。そうでない時、百万言をついやそうとも、外国も外国人も、この国とこの道を畏敬することはないであろう。

参考文献

本文を草する際、古典のほか左の書物より多くの示教を得た。記して深く感謝致します。
（1）石井良助「天皇」ブリタニカ国際百科辞典。
（2）内村鑑三『代表的日本人』岩波文庫、平成七年（新版）。

(3) 河村幹雄『名も無き民の心』岩波書店・清成迪氏、再刊昭和四十四年。
(4) 小森義峰『天皇と憲法』皇学館大学出版部、昭和六十年。
(5) 佐々木惣一『我が国憲法の独自性』岩波書店、昭和十八年。
(6) 谷省吾『神道原論』皇学館大学出版部、昭和四十六年。
(7) 西晋一郎『人間即家国の説』明世堂、昭和十九年。
(8) H. G. Nicholas「君主制」ブリタニカ国際百科辞典。
(9) 野口恒樹『教育の再建』日本文化連合会、昭和四十一年。
(10) 平泉澄『物語日本史』講談社学術文庫、昭和五十四年。
(11) 平泉澄『明治の源流』時事通信社、昭和四十五年。
(12) 平泉澄『寒林史筆』立花書房、昭和三十九年。
(13) 村岡典嗣『神道史』創文社、昭和三十一年。
(14) 山田孝雄『神道思想史』明世堂、昭和十八年。

(『神道と現代』昭和六十二年十一月)

十一　立憲君主国と民主共和国の長短を論ず

1　現代の寓話

イラク戦争が次第に泥沼の様相を呈し始めた頃、二〇〇七年七月二十九日付の英国『オブザーバー』紙は、著名な政治学者で特異な自由主義者グレイ（John N. Gray）ロンドン大学教授が、米国のイラク戦争処理の誤りを酷評した一論を掲載した。題して「君主制こそが我等の自由の鍵である――最大の嘲笑を受けている制度が、実は我等のデモクラシーを守る」という。その書き出しの一文は、本論の趣旨と密接に関係する。

「君主制や帝国はもはや時代錯誤である、と今の自由主義者は信じているやに見える。

近代思想は、王制の前提である世襲を統治の正当な基礎として受容せず、帝国は自治すべき人民を服属させるからもっと悪いとする。将来の世界は、全市民が平等な権利を持つ自治共和国によって組織され、帝国はなくなり、王も女王も引退してこそ、永遠の平和と自由がいきわたるのだ」。だがこんな考えは、現代の寓話で無邪気なお愛嬌にすぎない。それでも、正気をなくしている現代人は、歴史のいたずらを単純な道徳劇と誤認して、この訴えに引かれる。この話の誤りは事実の余りの単純化にあり、その礼讃する自治という理想も実際には危険な場合が多い。イラクでの大失敗は、戦争を始めた人が、サダムの国がデモクラシーの注射に耐えられるかの吟味を怠ったことにある。(1)

これは、ベトナム戦争時米国の指導者がデモクラシーを導入すればベトナムを平和発展できると楽観した誤りの反復である。(2) この二例は、デモクラシー(民主政治、民本政治)の実施も、共和国の建設も、その成功がいかに困難かを実証する。本論は、その問題の吟味でもある。

2 国体と政体

一国の政治組織は、国家構造(国体)と政治体制(政体)の二面から区別するのが普通である。国体では、君主国（王政）と共和国（大統領制）と独裁国の違いが[3]、政体では、現代では、国政に参加する政治家が選挙によって選ばれる（議会制民主制）か、最高権力者かそれを取り巻く集団の任命によるか、の区別が重要である。

王制は、世襲制と思われがちだが、選出制もある。ローマ法王は選出王制であり、古代シナで理想とされた堯舜の王権継承も前任者が後任を選ぶ選出王制であった。世襲王は血統により、選出王は一定の手続による。だが世襲でも、選出の場合と似た問題が生じる[4]。世襲君主にも立憲君主制下の君主と専制君主がある。西欧や日本のような近代国家における君主は前者であり、近代憲法が未確立の中近東等の王は専制君主である。

共和国の元首は、大統領だが、それにも二種類ある。大統領が政治の実権を掌握するアメリカ型と、政治の実権を担う「首相」を別に選出する大統領首相両立型の二つである。アジアで言うと、台湾・韓国・インドネシア・フィリピン等は、アメリカ型であり、シンガポール・インドは、両立型である。ヨーロッパでは、独伊仏が後者であるが、仏の場合は首相は選ばれるが、大統領権限が強く殆どアメリカ型と看做《みな》せる。

両立型の大統領は、世襲制ではないが、言わば「疑似君主」であって、現実の政治の修羅場を離れて国家と国民統合の精神的支柱としての役割を果たすことを期待される。即ち、首相が国家の権力を、大統領が国家の権威を別々に分離代表する。現実の大統領が大半の王や女王ほど、権威の担い手となるか否かは、まだ判らない。

第二次大戦後に独立した国に米国型が多いのは、アメリカの影響である。だが世界に両立型が多いのは、旧英領植民地から独立した国が英国の君主制の利点を認識していたのと[5]、アデナウワー首相下の再建ドイツが両立型を選んだのが他国特に中東欧に影響したことによる。

アメリカ型大統領と、君主制下ないし両立型の首相の権限を比較すると、米国型大統領の権限は、法案への拒否権が認められるなど、概して英国型首相より大きいが、議会を解散できない等の点で、議会による制約は大きい。反面、英国型首相の権限は、君主制下でも大統領制下でも基本的に議員内閣制であって、人事権限において、米国型大統領の方が大きい。また、米国型より両立型の方が危機対応がうまくいく。危機には首相は大統領に辞表を提出して容易に辞任できるからである[6]。

政体については、日欧米の主要先進国のごとく国民が議員を選出する「議会制」と中国のごとく統治する政府側が代議員を任命する「代表者会議制」がある。共にデモクラシーと自称するが、両者の違いは根本的である。中国式は、政府に批判的な代議員の数を制限できるのに対し、国会議員が直接国民の選挙で選出される場合は、その数を政府は制御できないからである。ただ、この選挙の大前提は、国民各界各層に言論と結社の自由があることで、それがなければ、選挙をしても信認投票に終わる。その判断材料は、選挙の際複数の政党からの立候補が認められるか否かである。多党制があって初めて、欧米日のデモクラシーと同じになる。故に、今の中国の政治は、民主ないし民本政治体制とは認められない。[7] 以下では、この議会制下の主要国での君主国と共和国の長短を比較する。

3 世界の君主国

まず、世界における君主国の現状を確認する。それは、最初の寓話のように君主国など殆ど問題でないと思っている人も多いからである。

(1) 欧州には、君主国が下記の十二カ国ある。バチカン市国(ローマ教皇庁)・グレートブリテン=北アイルランド連合王国(イギリス)・ネーデルラント王国(オランダ)・ベルギー王国・デンマーク王国・ノルウェー王国・スウェーデン王国・スペイン王国・ルクセンブルク大公国・モナコ公国・アンドラ公国・リヒテンシュタイン侯国。ただし、アンドラ公国はフランス大統領とカトリック教会のウルヘル司教の共同君主制という特殊性のため、それを除く十一カ国か、時にバチカン市国をも除く十カ国を君主国とする場合が多い。

(2) アジアの君主国は、日本・ブルネイ・タイ・マレーシア・ブータン・トンガの六カ国であり、(ネパール・カンボジアは最近王国でなくなった)、東アジアの諸国は、議会制を取っている。

(3) 中近東その他では、サウジアラビア・アラブ首長国連邦・ヨルダン・ハシェミット王国・カタール・オマーン・バーレーン・レント・カタール・スワジーランド・モロッコの十一カ国である。これらの国は大半議会制でない「専制君主国」である。それらの国のことはここでは論じない。

(4) なお、英連邦国のなかには、カナダ・ニュージーランド・オーストラリアのように、英国女王を名目的元首に仰ぐ国もある。これらは変則的な君主国である。

4　君主国の減少

否定しがたいのは、君主制の国が次第に減少してきたことである。いま一九一九年のヴェルサイユ条約時までに、欧州で君主制が廃止された国のリストを一覧すると、それが二つの世界大戦の前後に集中していることを知る。

（1）**イタリア**統一戦争（一八五九～一八六〇）により国家そのものがなくなってサルジニア王国へ統合され、君主制も廃された国は、両シチリア王国、トスカーナ大公国、モデナ公国、パルマ公国、ローマ教皇領である。なお、ローマ教皇領は、その後バチカン市国として主権国家に復帰した。サルジニア王国は諸邦を併合してイタリア王国と名称を変え同じ君主制が存続した。

（2）**ドイツ**では、一八六六年の普墺戦争により、ハノーファー王国、ヘッセン・カッセル選帝侯国、ナッサウ公国はプロイセン王国へ併合された。なお、ハノーバー王家は後にドイツ帝国下のブラウンシュヴァイク・リュネブルク公国を継ぎ、ナッサウ公家はルクセンブルク大公国の君主となった。ちなみに、ヘッセン・カッセル選帝侯家も、第一次大戦末期にフィンランドから国王に即位を要請されたが、ドイツ敗戦により頓挫、君主への返り咲きはなかった。ドイツ諸侯のその後はやや特別である。一九一八年の敗戦直前に革命勃発、連鎖的に全ドイツ諸侯国で君主制は廃止された。プロイセンのホーエンツォレルン王家を除き、ドイツ帝国諸侯は混乱後は本国に留まることを認められた。正確には最後の皇帝ウィルヘルム二世が事実上追放されたのみ、他の王侯一族は、革命後の混乱が収ま

ると、王位を除く社会的地位を回復した。(8)

(3)**ユーゴスラビア**王国の建国時、モンテネグロ王国は一九一八年当時のセルブ・クロアート・スロヴェーナ王国(後のユーゴスラビア王国)に統合され亡国、君主制も廃された。一九二二年には、名目上の王位を継承していたニェゴシ家も、王位を放棄した。

(4)**フランス**の王制は、革命と敗戦により廃止された。一八三〇年、七月革命によりブルボン王家が追放された。オルレアン家のルイ・フィリップが「フランス人の国王」として即位したが、一八四八年、二月革命によりオルレアン家も追放され、王政は廃止された。一八五二年に共和国大統領ルイ・ナポレオンがナポレオン三世として皇帝に即位したが、一八七〇年に普仏戦争に敗れ、革命勃発、ボナパルト家は追放され帝政も廃止された。

(5)**ポルトガル**では、一九一〇年革命により王政は廃止された。**スペイン**でも、一九三一年左派のクーデターにより一旦王制が廃止されたが、これに反対して蜂起したフランコ将軍が三九年にスペイン全土を掌握、軍事独裁政権を作った。そして四七年に王制復活を宣言し、自らは永世摂政になった。そして六九年に現在の国王フアン・カルロスを王に指名、七五年フランコの死去に伴い、カルロスが王位につき、王制が復活した。

(6)**ロシア帝国**のロマノフ王朝は、日露戦争と第一次世界大戦の敗戦によって権威を失墜し、国内の擾乱に対処できず、一九一七年十月革命により帝政は打倒され、翌年皇帝をはじめロマノフ一家一族多数が虐殺された。しかし僅か七八年後、ゴルバチョフ・エリツィン両頭の反革命が成功、共産主義革命は失敗に終った。プーチン・メドベージェフ政権は、ロシア国教会の要請により、ロマノフ家の名誉を回復したと報じられた。

（7）**オーストリア**帝国も、一九一八年に革命により皇帝カール一世が統治権を放棄、翌年亡命を強いられた。一九一九年にはハプスブルク家が廃位され、共和国となった。

（8）**ハンガリー**王国も、一九一八年の同じ革命によりカール一世が統治権を放棄。一九二一年に二度復位運動が失敗の後、ハプスブルク家は廃位された。王政は名目上摂政制による「王なき王国」として一九四六年まで存続した。

（9）**アジア**で特筆すべきは、一六三六年満州に興った**シナ**最後の統一王朝清の愛新覚羅王朝の滅亡である。列強の侵略と日清戦争の敗戦等により次第に疲弊した清国政府は外圧と内政の課題に対処できず、一九一一年孫文等の辛亥革命により滅亡した。日本は満州国建国の際、清朝の末裔を元首に立てたが、敗戦によりその復活はならなかった。

（10）**アジアの他国**でも、旧英領インド・インドネシア・インドシナ半島にも、小王国が多数存在したが、前節に挙げた諸国の他には、王朝の復活はない。

以上を通覧して、王制消滅の原因を三つあげることができる。

①敗戦、亡国の直接の結果、

②敗戦の結果勃発した内戦ないし内乱のなかで、国民が王から離反する結果、

③単純なウィルソン流の民族自決主義の性急な強行、である。

個々の国情は複雑で詳論が要るが、今の主要国の制度の長短の吟味には、一と二、即ち、戦争と内乱ないし経済危機への対処における両制度の優劣の検討が特に大切である。

5　民主共和国での政変

敗戦や内乱が、政治的大混乱を惹起するのは、君主国と共和国を問わない。それは、第二次大戦後のソ連中国を含む全世界の多くの共和国の状況を見れば明白である。即ち、亡国と革命の悲運や国家分裂に見舞われた共和国の数は、消滅した君主国に劣らない。ただ共和国が独裁国に変わるのである。例えば、中南米諸国は大半が共和国であったが、第二次大戦の前にも後にも、内乱や政権転覆を繰り返して多くは独裁国になった。その大半は経済発展もままならない。共和国の政権転覆において、君主制の廃止にあたるものは、クーデター（暴力政変）即ち、選挙によらない政権奪取である。この時、二節に論じた議会制

デモクラシーは死ぬ。倒された政権が、議会制デモクラシーのない独裁国となれば、暴力革命である。ソ連邦がロシア共和国と多くの他の共和国に分裂した例、中華民国が中華人民共和国に打倒された例、イランのホメイニー革命など例証は多い。

東アジアの多くの国、例えばフィリピン、インドネシア、南アジアのインド・パキスタン・ミャンマー・スリランカ・バングラディシュ・ネパール・ブータン等の大半は、共和国だが、それらは君主国であるタイやマレーシアより政情不安定で、経済発展も順調ではない。問題は、君主国であれ、共和国であれ、何故そういうクーデターや王朝転覆が起こるのか、その条件は何かである。

概括的に言えそうなのは、君主国と共和国とを問わず、議会制デモクラシーの国々は、多少権威主義的 authoritarian で中央集権的な政府の下でも、比較的により政治安定と経済発展を達成したことである。この事実は、議会制デモクラシーの維持運営の成功と、政治的安定＝経済発展の間に高い相関関係があることを示唆する。重要なのは、因果関係が、主に前から後へでなく、後から前へだということである。アメリカの政治家や学者がベトナム戦争やイラク戦争に際して犯した誤りは、正に逆を真と考えたことであった。

6　デモクラシー（民本政治）の前提と成功条件

議会制デモクラシーに関する考え方も変化した。嘗《かつ》ては、以下にいうAの古典的楽観説を取る人が多かったが、今ではBにいう指導者選択の形式を重視し、若干の条件を追加する考え方が有力である。まず、基本をシュンペーターの古典的名著によって要約する。(9)

A：デモクラシーの古典的な考え方は、国民は、殆どの問題について、しっかりした合理的な意見を持ち、私利私欲と公益を弁別し、ことに応じて国利民福（国益）を考える一般的意志（公的判断、国民的意志）があると信じる。だが、現代ではこの信条を疑問視する者が多い。たとえ小社会や村落においても、それは楽観すぎると考える。

B：デモクラシーの現代的な考えは、指導者選出の方法を重視する。即ち、政治的権力を次の手続によってある一団の人々に委任する。

（1）人民に代り意志決定する代表者は、国民の一人一票で選挙される。

（2）選ばれた者の指導的役割 leadership を承認し、彼らに政党等の政治集団の形成と、政治課題の提示と必要な助言者の動員の能力を期待する。

（3）このために、自由で公正（fair）な立候補と指導権力獲得への自由な言論による競争を認める。
(4)また投票者側に選択の自由と公正が保障することが必要不可欠である。
(5)指導者集団(政党)に、最高権力者(大統領あるいは首相)を選任し、政府を形成する手続きを定める権限を委任してよい、というものである。しかし、この手続に従って議員が選出されても、彼らの行う政治が国民を満足させるとは限らない。それには、以下の条件が存在する必要がある。

C:民本政治が成功する四条件は、
(1)有能な政治家が選出され、また閣僚が選任される。
(2)国政の他の機能、即ち立法司法行政の三権担当機関、中央銀行、民間企業集団、軍・警察、教育機関、教会等が、それぞれ独立に、立派に各々の役割を果たす。
(3)国民各層間に深刻な政治信条や意見の対立がない。例えば、スイスや南北戦争期を除く第一次大戦前の米国のように。
(4)政治家が大衆を説得し、反対相手をやっつける弁舌に長けていること。
以上は、シュンペーターが半世紀前に、恐らく彼の欧米史の知識と体験に基づいて、述べた古典的見解である。だがその後の世界の展開を見ると、彼の意見は楽観にすぎたように見える。大体、上記の条件を満たした欧州や中南米やアジアの国々においても、民主政治はなかなか成功しなかった。それらを検討したサミュエル・ハンチントン『変革期社会の政治秩序』[10]と『文明の衝突』[11]及び初めに引用したジョン・グレイ教授の論文等を参考にすると、少なくとも、次の三条件を追加せねばならないと思われる。

D：デモクラシー成功の追加三条件

（1）経済が順調に発展を続け、所得分配が極端に不平等にならない。

（2）国民の識字率と教育水準が、成長と並行して機会均等の条件を満足しつつ向上する。

（3）国家を構成する部族・人種・民族間の宗教的思想的対立が、限度を越えて敵対的とならない。

これらの条件が満たされねば、西欧的デモクラシーは機能しない。その場合には、様々な変則的な政治運営が出現し、混乱と不安定は必至で犠牲も大きくなる。その条件の満足、即ち経済発展と政治的成熟には、少なくとも数世代を要する。またその条件満足の先後関係、即ち経路も様々である。発展途上国の多くが、いま難渋しているのは、この苦労である。これらの条件について民主共和国と立憲君主国を比較し、最後に国家体制の問題の背後にある一国の歴史文化伝統の面について論じる。

7　君主国の長所と短所

数ある欧米の政治学者の中で、近代国家における君主制の利点に注目した学者の筆頭は、マックス・ウェーバーである。(12) 日本にウェーバーの研究者は多いが、これを明言した学者が居られないのは不思議である。私は彼とその弟子のレーベンシュタインに学んで、(13) 君主国の政治の長所を次の七点に要約した。(14)

①君主は国家を象徴的に具現し、国民統合を容易にする。
②君主制は、政治家の権力欲を制御する。
③君主制は、外交の連続性を保つ。
④君主は、政治的調整力として重要な役割を果たす。
⑤君主制は、義務をよくわきまえた官僚による効率の良い行政の優れた基盤となる。
⑥君主制下の軍隊は、将校団を中心に、自然な団結と忠誠心を保持しやすい。
⑦君主は、永い歴史と文化的伝統に支えられて、国民の情緒・道徳・文化の支柱となる。

この七点のうち国家の形成と危機に際しては、上の①と②が特に重要である。国家の存亡は特に敗戦と内乱時にある。その時、もし国家最高の政治的地位が既定であるなら、野心家の権力欲にもブレーキがかかるであろう(15)。

また国際関係における王室外交の役割は、極めて重要である。大統領でも長くて八年、首相外相に至っては大抵数年である。それ故、長年の国際関係を個人的に記憶して長期的視野から適切に対処することは、もっぱら外務官僚の役割となるが、彼らとて同様の責任ある地位にある期間は短い。その故に、しばしば宮廷外交が重要だが、君主や王族方の長期の視野と知遇による助言の貢献が大きい。

ただし君主制にも弱点がある。それは、王統の連続と君主の徳望という二条件を必要とすることである。それは共に重い課題である。そのためには、君主や王室の方々の上記③、④についての努力も重要だが、同時に官僚と軍警察の⑤、⑥での協力と献身が欠かせない。わが国が君主国として二千年以上存続し得たのは、これらの点の君臣双方の努力が強い伝統であったからである。

特に君主の徳望とその伝統文明の「高貴」ないし「品格」は、長い年月をかけての蓄積によってのみ出来るもので、特に貴重である。それをつくるは至難であり、壊すのはやさしい。それは神韻漂う名画のようなもので、人はそれに憧れるが、その実現は一朝一夕にできるものではない。人間の修養でも、一人の人の一世代の力行だけではどうにもならない風貌容姿態度人品骨柄がある。それを身につけ、その精神を体現するのは王室の方々のノーブレス・オブリジェ（高貴の責務）である。周囲もまたその実現を支援申し上げねばならない。実は、大多数の国民もそれを指導者に期待するのである。米国人がケネディ大統領を懐かしむ気持にはそういう感情がこもる。君主制の方が、また両立型共和制の方がそれを実現しやすいことを承認しなければならない。

また国家の統合のためには、国民の精神的融和が特に重要である。[16] そのことは、デモクラシー成功の条件の第三と追加条件の第三に挙げた。バルカン半島の紛争や、中近東の紛乱を知る我々には、説明を要しないであろう。この点、驚くべきは日本である。神道と仏教儒教を融和し、キリスト教とも共存しながら、独自の世界に誇れる芸術文芸の世界を発展させ、かつ近代科学文明でもどの先進国とも肩をならべる文明を発展させつつある。ハンチントンが名著『文明の衝突』のなかで、日本文明を七大文明の一つに数えたのは、この点で他と異なる特色が明白だからである。[17]

以上の考察を踏まえて、先の議会制民主政治の成功の条件が、立憲君主国と民主共和国のいずれにおいて満たされやすいか、を吟味してみよう。

問　題　点	立憲君主制	両立共和制	純共和制
一　有能な政治家閣僚の選出	A	A	B
二　三権機関、軍警察、企業、銀行、教育機関、宗教界の有能	B	B	A
三　政治信条の差異が小さい	A	B	A
四　説得と批判の弁舌能力	B	B	A
五　経済成長と分配の公正	B	B	B
六　教育の普及と機会均等	B	B	B
七　人種部族宗教間の対立の自制	A	B	B

8　むすび

世界のG8のうち日英は立憲君主国、カナダは変則型君主国、独伊ソは両頭型共和国、米国のみが純粋民主共和国である。その他の西欧諸国で信望高く政情安定した国は、君主国とスイス・オーストリア位である。

概括的な判断であるが、これらの国の多くの近状を観察して、筆者の見るところは上表のごとくである。AとBは、AがBより優れていることを示す。これは、単なる近年の状況からの判断で、個々の国情を詳細に比較するには詳しい研究を必要とすることは言うまでもない。二十一世紀の波乱に堪えるのは、果たして民主共和国か、立憲君主国かの断定は、まだできない。多くの専制君主国もデモクラシー成功条件を満たして、次第に立憲君主国に移行するであろう。もし君主国の政治や文化の優越が明らかとなれば、スペインのように君主制の復活の動きが起こるかも知れない。レーベンシュタイン教授が著作『君主制』の多くの頁をそれに割いたのは、それを期待しての故であろうか。

注

(1) グレイ教授は言う。中近東の他国と同様、イラクも植民主義の産物で、第一次大戦後オットマン・トルコの数州を英国が継ぎはぎ細工で作った国で、その村々のどこも自治などしたことはなかった。イラク建国は決して平和的ではなく、英国が上から強制したので、勿論政治は抑圧的だった。だが国家がある限り、今のような各地の共同体同士が互いに戦う争乱のちまたとはならなかった。

(2) W. W. Rostow (1916-2003) は、ベトナム戦争時ケネディ、ジョンソン両大統領に安全保障の顧問。当時彼が *Foreign Affairs* に寄稿した論文が、この楽観説を明示する。もともと優れた経済史学者で、欧米の経済発展過程を後進国の近代化に適用できると考えた。ベトナム戦争後、彼はＭＩＴに復職できず、テキサス大学教授として死去した。David Milne, *America's Rasputin—Walt Rostow and the Vietnam War*, New York, 2008 参照。これは批判側に立つ。

(3) 現在の中国やベトナムは、旧ソ連や革命直後の中国のように、独裁者個人の判断と意志が政治の基本方針を左右する独裁国ではないが、主席や書記長の選任が選挙でなく、一独裁党の幹部のみで行われる意味で独裁国といってよい。そんな国は、今日の主要国では中国のみである。

(4) 世襲の場合、王位継承者の順位の決め方が問題となる。それが今の日本の問題に関連する。例えば、タイ国の場合、現国王が後継者を指名できる。今それは未定で、従って皇太子が決まっていない。本論ではこの問題を論じない。

（5）Ernst Barker, *Principles of Political Sociology*, Oxford University Press, 1951. の中で、この高名な政治学者は、インドがその憲法制定にあたり、英国を範としたことを誇りに思うと書いている。

（6）大統領も辞任できるが、ニクソン大統領の例が示すように、それは大きな政治的混乱を惹起する。これと田中角栄首相の逮捕の例を比較すれば、違いは明らかである。

（7）現在の中国では、共産党でない政党の存在も認められている。その党員で、代議員や政商会議の委員に選ばれている者もあり、また地方の省市の役職者になっている者もいる。それが複数政党の方向への兆しかどうかはまだ判らない。

（8）彼らは多く「何々公（Your highness ...）」と呼ばれて尊敬を受け、宮殿宝物等は多く国有となったが、他の私有財産を相続して貴族扱いとなった。

（9）J. A. Schumpeter, *Capitalism, Socialism and Democracy*, 4th ed. George, Allen and Unwin, London, 1949.

（10）Samuel Huntington, *Political Order in Changing Societies*, New Haven: Yale University Press; 1968. 本著は、中南米諸国の政情不安定と経済停滞の原因を研究して、その政情不安が期待と現実の乖離にあると指摘し、それをいかなる兆候において捉えるか、を論じた名著である。

（11）S. Huntington, *Clash of Civilizations and the Remaking of World Order*, Free Press. 1996. 後者は、冷戦終結後のアメリカが直面する挑戦は何か、との問いに答えて、異文明とくに回教文明との衝突だと論じた。ただ掲げる七文明を宗教で分類する際仏教を見落し、ためにアジア的融和観を軽視したのは欠陥である。

（12）私は、夫人のマックス・ウェーバー伝を読んで、第一次世界大戦の直後、ウェーバーがドイツの君主制の消滅を惜しんだことを知った。「彼にとっては、君主制が最善であった。何故ならそれは政権の最上部を政争の圏外におき、ある程度国の進路の連続性を保ち、政権を政党の争いの外におくからである。また彼は、ドイツには単一の王統の存続が文化政策上望ましいと考えた」と夫人は書いた。ウェーバーの努力が実っておれば、ナチスの台頭は困難ではなかったか。

（13）Karl Loewenstein, *Monarchy in the Modern State*, 1952.（『君主制』みすず書房、一九五七年）彼は、近代国家における君主制政治に関心をもちつづけ、アメリカに渡った後も多くの著述で民主共和国と君主国の対比に注意を払った。例えば、Karl Loewenstein, *Political power and the governmental process, 2nd ed*, University of Chicago Press, 1995. なお近年君主制の好著が多い。例えば、Andrzej Olechnowic, *The monarchy and the British nation, 1980 to the present*, Cambridge University Press, 2007.

（14）この七点の説明は、本書のほか、市村真一『教育の正常化を願って』増補版、創文社、一九九〇年及び市村真一『日本の教育をまもるもの』創文社、二〇〇四年でも論じた。

（15）勿論シナの易姓革命の歴史や上記三節の史実は、その限界を示す。

（16）独立後まもないインドの経済計画立案者マハラノビス教授は、日本で講演した時、インド独立後最大の困難は何だったか、との私の質問には「国民の統合」national unification と答えた。

（17）この点で深刻なのは、注（11）で述べたハンチントンの仏教の見落しである。日本人の宗教観は神道と仏教の融和が根底にあるからである。

あとがき

これらの論文は折にふれて執筆したものだが、近く国会が皇室典範の改正を採り上げる大事な時に、ぜひ多くの方々に御一覧頂きたく、急ぎとりまとめたものである。

一 「皇室典範を改正しなければ、宮家が無くなる」は、さる平成十七年に小泉内閣が有識者会議を設けて論議した報告書を読了して、なおわが皇室に課題の残されていることに気づき、数年間何人かの専門家、友人、関係者と研究質議をかさね、得た一応の結論をまとめたものである。『日本』誌、平成二十三(二〇一一)年十一月号に発表。

二 「皇室典範改正の諸問題」は、前論の発表と相前後して、羽毛田宮内庁長官が首相に皇室典範の緊急な改正を要望されたため急増した論著の異見に対する私の見解である。特に重要な論点と論拠を示して改正の方向を示唆した。論著には、文辞は過激でも論旨は必ずしも明白でないものが多かったが、『正論』誌、二〇一二年三月号の所教授と皇室典範問題研究会報告の二論は大体重要な論点を尽くした。この章は、それを踏まえた私見の開陳である。ほぼ同じ論を『国民会館叢書』九〇と『日本』誌、二〇一二年四月号に発表した。

三　「君主制と王位継承論」は、右の第一章の結論を得る学習中の一論である。この段階においては、私は宮内庁の「報告書」の参考資料を熟読して居らず、明治四十（一九〇七）年の皇室典範増補と大正九年の「皇族の降下に関する施行準則」の存在を知らなかった。本文中に付記したごとく、これが旧皇族方の御子孫の皇族への復帰を考える際の重要な論点の一つなのである。『日本』誌の平成十八（二〇〇六）年四月号発表。

四　「内閣官房の諮問に対する所見」は、平成二十四（二〇一二）年四月二十三日、総理官邸における皇室典範改正問題諮問委員会のヒアリングに呼ばれて、あらかじめ渡されていた諮問事項に関して、事前に提出した所見である。各質問は、事前の諮問の私の要約である。

五　「内閣官房ヒアリング議事録」は、右の当日の私の三十分の説明と討議の速記録である。ご覧のように、私は第二章の議論をもとに、一歩進んで、緊急策としては、女性宮家も女性皇族の名称の保有にも賛意を表し、中期策としては、宮家の養子制度の承認と、内親王の降嫁された旧宮家の復活にも基本的に賛同の方向で「平成の準則」の新典範増補の検討を示唆した。さらに長期策としては、皇族のあり方について、側室制度なき制度設計について真剣に検討すべきことを説いた。

六　「今上陛下と皇后陛下への御祝辞」は、御在位二十年と御成婚五十周年をお祝いする会合が日本会議主催で催された時、同会議の依頼で執筆し、『日本』と『弘道』両誌に掲載された。ヒアリングの際、陛下が国民統合のためにいかに働いておられるかとの問いがあったので、これが私共の認識の一端であることを示すに相応しいと思い採録した。

七　所教授との対談「皇統の永続のために」は、本書のため特に新しく所教授に要請して行った対話である。目的は、わが国史上、皇位継承が困難に直面した時の事情とその克服の実態を、普通以上に詳しく検討した。新聞雑誌の上の論議では委曲を尽くさず、屢々正しく認識されていないため、誤解を解きたいと思ったのである。

後篇は、最近の皇室典範の改正問題とは直接関係しないが、より基本的な日本のような立憲君主国の国家体制とその運用の問題を論じたものである。いずれわが国は、憲法と皇室典範の本格的改正に取り組まねばならないが、その際には、ここに論じた諸問題の考察が重要である。読者が参考にして頂くことを切望する。

八　「君主制の擁護」は、昭和天皇の御歳八十を慶祝申し上げる記念論文として特に依頼されて執筆し、『正論』誌の昭和五十六（一九八一）年四月号に発表された。当時の京都大学は全共闘の紛争は沈静していたが、余炎まだくすぶる雰囲気であった。当時京大三悪人の一人と短冊に書かれた私に、遠路入洛して執筆依頼された大谷吉隆編集長に敬意を表したい。内容は一言一句今も当時そのままである。

九　江藤淳教授との対談「天皇」は、次章の論文を書き上げた時、常々評論を愛読していた氏にコピーをお送りしたところ、すぐ『諸君！』に推奨頂いた。だが元々『神道と現代』に収録予定だったので、やむなくお断りしたが、その代りに、教授が楽しく懐かしい立林昭彦編集長と三人の夕食会をかねた対談会をもよおして頂いた。それがこの対談であり、『諸君！』昭和六十二（一九八七）年十二月号に掲載された。後にも先にも、教授に出会ったのはこの一回きりで、教授の亡くなる十二年前であった。教授が、かくも純情な尊皇の心を率直に語られたものは他にないのではないか。

十　「君主制と神道」は、編集者谷省吾教授の懇請もだしがたく承諾して、多年の読書・座禅・思弁を整理した拙論である。神道文化会（徳川宗敬会長）刊行の『神道と現代』に収録された。この一文を査閲頂いた尊敬する哲学者野口恒樹教授が、貴見に賛成です、ただキリスト教のところだけが私は違います、と言われたのを想起する。

十一　「立憲君主制と共和国大統領制の長短を論ず」は、主として人文学者の学会の「芸林会」の特別講演に招かれ、近代国家の国家体制として、立憲君主制が大統領制に優るとも劣らぬことを、政治学及び経済発展論の視点より論じたもの。『芸林』誌の平成二十一（二〇〇九）年四月号掲載。これは私の専門分野と密接に関係する。

付録

皇室典範

（昭和二十二年一月十六日法律第三号）

最終改正：昭和二十四年五月三十一日法律第一三四号

第一章　皇位継承

第一条　皇位は、皇統に属する男系の男子が、これを継承する。

第二条　皇位は、左の順序により、皇族に、これを伝える。

一　皇長子

二　皇長孫

三　その他の皇長子の子孫

四　皇次子及びその子孫

五　その他の皇子孫

六　皇兄弟及びその子孫

七　皇伯叔父及びその子孫

2　前項各号の皇族がないときは、皇位は、それ以上で、最近親の系統の皇族に、これを伝える。

3　前二項の場合においては、長系を先にし、同等内では、長を先にする。

第三条　皇嗣に、精神若しくは身体の不治の重患があり、又は重大な事故があるときは、皇室会議の議により、前条に定める順序に従つて、皇位継承の順序を変えることができる。

第四条　天皇が崩じたときは、皇嗣が、直ちに即位する。

第二章　皇族

第五条　皇后、太皇太后、皇太后、親王、親王妃、内親王、王、王妃及び女王を皇族とする。

第六条　嫡出の皇子及び嫡男系嫡出の皇孫は、男を親王、女を内親王とし、三世以下の嫡男系嫡出の子孫は、男を王、女を女王とする。

第七条　王が皇位を継承したときは、その兄弟姉妹たる王及び女王は、特にこれを親王及び内親王とする。

第八条　皇嗣たる皇子を皇太子という。皇太子のないときは、皇嗣たる皇孫を皇太孫という。

第九条　天皇及び皇族は、養子をすることができない。

第十条　立后及び皇族男子の婚姻は、皇室会議の議を経ることを要する。

第十一条　年齢十五年以上の内親王、王及び女王は、その意思に基き、皇室会議の議により、皇族の身分を離れる。

2　親王（皇太子及び皇太孫を除く。）、内親王、王及び女王は、前項の場合の外、やむを得ない特別の事由があるときは、皇室会議の議により、皇族の身分を離れる。

第十二条　皇族女子は、天皇及び皇族以外の者と婚姻したときは、皇族の身分を離れる。

第十三条　皇族の身分を離れる親王又は王の妃並びに直系卑属及びその妃は、他の皇族と婚姻した女子及びその直系卑属を除き、同時に皇族の身分を離れる。但し、直系卑属及びその妃については、皇室会議の議により、皇族の身分を離れないものとすることができる。

第十四条 皇族以外の女子で親王妃又は王妃となつた者が、その夫を失つたときは、その意思により、皇族の身分を離れることができる。

2 前項の者が、その夫を失つたときは、同項による場合の外、やむを得ない特別の事由があるときは、皇室会議の議により、皇族の身分を離れる。

3 第一項の者は、離婚したときは、皇族の身分を離れる。

4 第一項及び前項の規定は、前条の他の皇族と婚姻した女子に、これを準用する。

第十五条 皇族以外の者及びその子孫は、女子が皇后となる場合及び皇族男子と婚姻する場合を除いては、皇族となることがない。

第三章 摂政

第十六条 天皇が成年に達しないときは、摂政を置く。

2 天皇が、精神若しくは身体の重患又は重大な事故により、国事に関する行為をみずからすることができないときは、皇室会議の議により、摂政を置く。

第十七条 摂政は、左の順序により、成年に達した皇族が、これに就任する。

一 皇太子又は皇太孫
二 親王及び王
三 皇后
四 皇太后
五 太皇太后
六 内親王及び女王

２　前項第二号の場合においては、皇位継承の順序に従い、同項第六号の場合においては、皇位継承の順序に準ずる。

第十八条　摂政又は摂政となる順位にあたる者に、精神若しくは身体の重患があり、又は重大な事故があるときは、皇室会議の議により、前条に定める順序に従つて、摂政又は摂政となる順序を変えることができる。

第十九条　摂政となる順位にあたる者が、成年に達しないため、又は前条の故障があるために、他の皇族が、摂政となつたときは、先順位にあたつていた皇族が、成年に達し、又は故障がなくなつたときでも、皇太子又は皇太孫に対する場合を除いては、摂政の任を譲ることがない。

第二十条　第十六条第二項の故障がなくなつたときは、皇室会議の議により、摂政を廃する。

第二十一条　摂政は、その在任中、訴追されない。但し、これがため、訴追の権利は、害されない。

第四章　成年、敬称、即位の礼、大喪の礼、皇統譜及び陵墓

第二十二条　天皇、皇太子及び皇太孫の成年は、十八年とする。

第二十三条　天皇、皇后、太皇太后及び皇太后の敬称は、陛下とする。

２　前項の皇族以外の皇族の敬称は、殿下とする。

第二十四条　皇位の継承があつたときは、即位の礼を行う。

第二十五条　天皇が崩じたときは、大喪の礼を行う。

第二十六条　天皇及び皇族の身分に関する事項は、これを皇統譜に登録する。

第二十七条　天皇、皇后、太皇太后及び皇太后を葬る所を陵、その他の皇族を葬る所を墓とし、

陵及び墓に関する事項は、これを陵籍及び墓籍に登録する。

第五章　皇室会議

第二十八条　皇室会議は、議員十人でこれを組織する。

2　議員は、皇族二人、衆議院及び参議院の議長及び副議長、内閣総理大臣、宮内庁の長並びに最高裁判所の長たる裁判官及びその他の裁判官一人を以て、これに充てる。

3　議員となる皇族及び最高裁判所の長たる裁判官以外の裁判官は、各〻成年に達した皇族又は最高裁判所の長たる裁判官以外の裁判官の互選による。

第二十九条　内閣総理大臣たる議員は、皇室会議の議長となる。

第三十条　皇室会議に、予備議員十人を置く。

2　皇族及び最高裁判所の裁判官たる議員の予備議員については、第二十八条第三項の規定を準用する。

3　衆議院及び参議院の議長及び副議長たる議員の予備議員は、各〻衆議院及び参議院の議員の互選による。

4　前二項の予備議員の員数は、各〻その議員の員数と同数とし、その職務を行う順序は、互選の際、これを定める。

5　内閣総理大臣たる議員の予備議員は、内閣法の規定により臨時に内閣総理大臣の職務を行う者として指定された国務大臣を以て、これに充てる。

6　宮内庁の長たる議員の予備議員は、内閣総理大臣の指定する宮内庁の官吏を以て、これに充てる。

7　議員に事故のあるとき、又は議員が欠けたときは、その予備議員が、その職務を行う。

第三十一条 第二十八条及び前条において、衆議院の議長、副議長又は議員とあるのは、衆議院が解散されたときは、後任者の定まるまでは、各〻解散の際衆議院の議長、副議長又は議員であつた者とする。

第三十二条 皇族及び最高裁判所の長たる裁判官以外の裁判官たる議員及び予備議員の任期は、四年とする。

第三十三条 皇室会議は、議長が、これを招集する。

2 皇室会議は、第三条、第十六条第二項、第十八条及び第二十条の場合には、四人以上の議員の要求があるときは、これを招集することを要する。

第三十四条 皇室会議は、六人以上の議員の出席がなければ、議事を開き議決することができない。

第三十五条 皇室会議の議事は、第三条、第十六条第二項、第十八条及び第二十条の場合には、出席した議員の三分の二以上の多数でこれを決し、その他の場合には、過半数でこれを決する。

2 前項後段の場合において、可否同数のときは、議長の決するところによる。

第三十六条 議員は、自分の利害に特別の関係のある議事には、参与することができない。

第三十七条 皇室会議は、この法律及び他の法律に基く権限のみを行う。

附　則

1 この法律は、日本国憲法施行の日から、これを施行する。

2 現在の皇族は、この法律による皇族とし、第六条の規定の適用については、これを嫡男系嫡出の者とする。

3 現在の陵及び墓は、これを第二十七条の陵及び墓とする。

附則（昭和二四年五月三一日法律第一三四号）抄

1　この法律は、昭和二十四年六月一日から施行する。

旧皇室典範

（明治二十二年二月十一日）

天佑ヲ享有シタル我カ日本帝國ノ寶祚ハ萬世一系歴代繼承シ以テ朕カ躬ニ至ル惟フニ祖宗肇國ノ初大憲一タヒ定マリ昭ナルコト日星ノ如シ今ノ時ニ當リ宜ク遺訓ヲ明徴ニシ皇家ノ成典ヲ制立シ以テ丕基ヲ永遠ニ鞏固ニスヘシ茲ニ樞密顧問ノ諮詢ヲ經皇室典範ヲ裁定シ朕カ後嗣及子孫ヲシテ遵守スル所アラシム

皇室典範

第一章　皇位繼承

第一條　大日本國皇位ハ祖宗ノ皇統ニシテ男系ノ男子之ヲ繼承ス

第二條　皇位ハ皇長子ニ傳フ

第三條　皇長子在ラサルトキハ皇長孫ニ傳フ皇長子及其ノ子孫皆在ラサルトキハ皇次子及其ノ子孫ニ傳フ以下皆之ニ例ス

第四條　皇子孫ノ皇位ヲ繼承スルハ嫡出ヲ先ニス皇庶子孫ノ皇位ヲ繼承スルハ皇嫡子孫皆在ラサルトキニ限ル

第五條　皇子孫皆在ラサルトキハ皇兄弟及其ノ子孫ニ傳フ

第六條　皇兄弟及其ノ子孫皆在ラサルトキハ皇伯叔父及其ノ子孫ニ傳フ

第七條　皇伯叔父及其ノ子孫皆在ラサルトキハ其ノ以上ニ於テ最近親ノ皇族ニ傳フ

第八條　皇兄弟以上ハ同等内ニ於テ嫡ヲ先ニシ庶ヲ後ニシ長ヲ先ニシ幼ヲ後ニス

第九條　皇嗣精神若ハ身體ノ不治ノ重患アリ又ハ重大ノ事故アルトキハ皇族會議及樞密顧問ニ諮詢シ前數條ニ依リ繼承ノ順序ヲ換フルコトヲ得

第二章　踐祚即位

第十條　天皇崩スルトキハ皇嗣即チ踐祚シ祖宗ノ神器ヲ承ク

第十一條　即位ノ禮及大嘗祭ハ京都ニ於テ之ヲ行フ

第十二條　踐祚ノ後元號ヲ建テ一世ノ間ニ再ヒ改メサルコト明治元年ノ定制ニ從フ

第三章　成年立后立太子

第十三條　天皇及皇太子皇太孫ハ滿十八年ヲ以テ成年トス

第十四條　前條ノ外ノ皇族ハ滿二十年ヲ以テ成年トス

第十五條　儲嗣タル皇子ヲ皇太子トス皇太子在ラサルトキハ儲嗣タル皇孫ヲ皇太孫トス

第十六條　皇后皇太子皇太孫ヲ立ツルトキハ詔書

ヲ以テ之ヲ公布ス

第四章　敬称

第十七条　天皇太皇太后皇太后皇后ノ敬称ハ陛下トス

第十八条　皇太子皇太子妃皇太孫皇太孫妃親王親王妃内親王王王妃女王ノ敬称ハ殿下トス

第五章　摂政

第十九条　天皇未タ成年ニ達セサルトキハ摂政ヲ置ク

天皇久キニ亘ルノ故障ニ依リ大政ヲ親ラスルコト能ハサルトキハ皇族會議及樞密顧問ノ議ヲ經テ攝政ヲ置ク

第二十条　攝政ハ成年ニ達シタル皇太子又ハ皇太孫之ニ任ス

第二十一条　皇太子皇太孫在ラサルカ又ハ未タ成年ニ達セサルトキハ左ノ順序ニ依リ攝政ニ任ス

第一　親王及王
第二　皇后
第三　皇太后
第四　太皇太后
第五　内親王及女王

第二十二条　皇族男子ノ攝政ニ任スルハ皇位繼承ノ順序ニ從フ其ノ女子ニ於ケルモ亦之ニ準ス

第二十三条　皇族女子ノ攝政ニ任スルハ其ノ配偶アラサル者ニ限ル

第二十四条　最近親ノ皇族未タ成年ニ達セサルカ又ハ其ノ他ノ事故ニ由リ他ノ皇族攝政ニ任シタルトキハ後來最近親ノ皇族成年ニ達シ又ハ其ノ事故既ニ除クト雖皇太子及皇太孫ニ對スルノ外其ノ任ヲ讓ルコトナシ

第二十五条　攝政又ハ攝政タルヘキ者精神若ハ身體ノ重患アリ又ハ重大ノ事故アルトキハ皇族會

議及樞密顧問ノ議ヲ經テ其ノ順序ヲ換フルコトヲ得

第六章　太傅

第二十六條　天皇未タ成年ニ達セサルトキハ太傅ヲ置キ保育ヲ掌ラシム

第二十七條　先帝遺命ヲ以テ太傅ヲ任セサリシトキハ攝政ヨリ皇族會議及樞密顧問ニ諮詢シ之ヲ選任ス

第二十八條　太傅ハ攝政及其ノ子孫之ニ任スルコトヲ得ス

第二十九條　攝政ハ皇族會議及樞密顧問ニ諮詢シタル後ニ非サレハ太傅ヲ退職セシムルコトヲ得ス

第七章　皇族

第三十條　皇族ト稱フルハ太皇太后皇太后皇后皇太子皇太子妃皇太孫皇太孫妃親王親王妃内親王王王妃女王ヲ謂フ

第三十一條　皇子ヨリ皇玄孫ニ至ルマテハ男ヲ親王女ヲ内親王トシ五世以下ハ男ヲ王女ヲ女王トス

第三十二條　天皇支系ヨリ入テ大統ヲ承クルトキハ皇兄弟姉妹ノ王女王タル者ニ特ニ親王内親王ノ號ヲ宣賜ス

第三十三條　皇族ノ誕生命名婚嫁薨去ハ宮内大臣之ヲ公告ス

第三十四條　皇統譜及前條ニ關ル記録ハ圖書寮ニ於テ尚藏ス

第三十五條　皇族ハ天皇之ヲ監督ス

第三十六條　攝政在任ノ時ハ前條ノ事ヲ攝行ス

第三十七條　皇族男女幼年ニシテ父ナキ者ハ宮内ノ官僚ニ命シ保育ヲ掌ラシム事宜ニ依リ天皇ハ其ノ父母ノ選擧セル後見人ヲ認可シ又ハ之ヲ勅

選スヘシ

第三十八条　皇族ノ後見人ハ成年以上ノ皇族ニ限ル

第三十九条　皇族ノ婚嫁ハ同族又ハ勅旨ニ由リ特ニ認許セラレタル華族ニ限ル

第四十条　皇族ノ婚嫁ハ勅許ニ由ル

第四十一条　皇族ノ婚嫁ヲ許可スルノ勅書ハ宮内大臣之ニ副署ス

第四十二条　皇族ハ養子ヲ為スコトヲ得ス

第四十三条　皇族國疆ノ外ニ旅行セムトスルトキハ勅許ヲ請フヘシ

第四十四条　皇族女子ノ臣籍ニ嫁シタル者ハ皇族ノ列ニ在ラス但シ特旨ニ依リ仍内親王女王ノ稱ヲ有セシムルコトアルヘシ

第八章　世傳御料

第四十五条　土地物件ノ世傳御料ト定メタルモノハ分割讓與スルコトヲ得ス

第四十六条　世傳御料ニ編入スル土地物件ハ樞密顧問ニ諮詢シ勅書ヲ以テ之ヲ定メ宮内大臣之ヲ公告ス

第九章　皇室經費

第四十七条　皇室諸般ノ經費ハ特ニ常額ヲ定メ國庫ヨリ支出セシム

第四十八条　皇室經費ノ豫算決算檢査及其ノ他ノ規則ハ皇室會計法ノ定ムル所ニ依ル

第十章　皇族訴訟及懲戒

第四十九条　皇族相互ノ民事ノ訴訟ハ勅旨ニ依リ宮内省ニ於テ裁判員ヲ命シ裁判セシメ勅裁ヲ經テ之ヲ執行ス

第五十条　人民ヨリ皇族ニ對スル民事ノ訴訟ハ東京控訴院ニ於テ之ヲ裁判ス但シ皇族ハ代人ヲ以

テ訴訟ニ當ラシメ自ラ訟廷ニ出ルヲ要セス

第五十一條　皇族ハ勅許ヲ得ルニ非サレハ勾引シ又ハ裁判所ニ召喚スルコトヲ得ス

第五十二條　皇族其ノ品位ヲ辱ムルノ所行アリ又ハ皇室ニ對シ忠順ヲ缺クトキハ勅旨ヲ以テ之ヲ懲戒シ其ノ重キ者ハ皇族特權ノ一部又ハ全部ヲ停止シ若ハ剥奪スヘシ

第五十三條　皇族蕩産ノ所行アルトキハ勅旨ヲ以テ治産ノ禁ヲ宣告シ其ノ管財者ヲ任スヘシ

第五十四條　前二條ハ皇族會議ニ諮詢シタル後之ヲ勅裁ス

第十一章　皇族會議

第五十五條　皇族會議ハ成年以上ノ皇族男子ヲ以テ組織シ内大臣樞密院議長宮内大臣司法大臣大審院長ヲ以テ參列セシム

第五十六條　天皇ハ皇族會議ニ親臨シ又ハ皇族中ノ一員ニ命シテ議長タラシム

第十二章　補則

第五十七條　現在ノ皇族五世以下親王ノ號ヲ宣賜シタル者ハ舊ニ依ル

第五十八條　皇位繼承ノ順序ハ總テ實系ニ依ル現在皇養子皇猶子又ハ他ノ繼嗣タルノ故ヲ以テ之ヲ混スルコトナシ

第五十九條　親王内親王王女王ノ品位ハ之ヲ廢ス

第六十條　親王ノ家格及其ノ他此ノ典範ニ抵觸スル例規ハ總テ之ヲ廢ス

第六十一條　皇族ノ財産歳費及諸規則ハ別ニ之ヲ定ムヘシ

第六十二條　將來此ノ典範ノ條項ヲ改正シ又ハ増補スヘキノ必要アルニ當テハ皇族會議及樞密顧問ニ諮詢シテ之ヲ勅定スヘシ

皇室典範増補

（明治四十年二月十一日）

第一條　王ハ勅旨又ハ請願ニ依リ家名ヲ賜ヒ華族ニ列セシムルコトアルヘシ

第二條　王ハ勅許ニ依リ華族ノ家督相續人トナリ又ハ家督相續ノ目的ヲ以テ華族ノ養子トナルコトヲ得

第三條　前二條ニ依リ臣籍ニ入リタル者ノ妻直系卑屬及其ノ妻ハ其ノ家ニ入ル但シ他ノ皇族ニ嫁シタル女子及其ノ直系卑屬ハ此ノ限ニ在ラス

第四條　特權ヲ剥奪セラレタル皇族ハ勅旨ニ由リ臣籍ニ降スコトアルヘシ

前項ニ依リ臣籍ニ降サレタル者ノ妻ハ其ノ家ニ入ル

第五條　第一條第二條第四條ノ場合ニ於テハ皇族會議及樞密顧問ノ諮詢ヲ經ヘシ

第六條　皇族ノ臣籍ニ入リタル者ハ皇族ニ復スルコトヲ得ス

第七條　皇族ノ身位其ノ他ノ權義ニ關スル規程ハ此ノ典範ニ定メタルモノノ外別ニ之ヲ定ム

皇族ト人民トニ渉ル事項ニシテ各〻適用スヘキ法規ヲ異ニスルトキハ前項ノ規程ニ依ル

第八條　法律命令中皇族ニ適用スヘキモノトシタル規定ハ此ノ典範又ハ之ニ基ツキ發スル規則ニ別段ノ條規ナキトキニ限リ之ヲ適用ス

皇族ノ降下ニ關スル内規施行準則

（大正九年三月十七日）

第一條　皇玄孫ノ子孫タル王明治四十年二月十一日勅定ノ皇室典範増補第一條及皇族身位令第二十五條ノ規定ニ依リ請願ヲ為ササルトキハ長子孫ノ系統四世以上以内ヲ除クノ外勅旨ニ依リ家名ヲ賜ヒ華族ニ列ス

第二條　前條ノ長子孫ノ系統ヲ定ムルハ皇位繼承ノ順序ニ依ル

第三條　長子孫ノ系統三世以上四世以内ニ在ル者子孫ナクシテ父祖ニ先チ薨去シタル場合ニ於テ兄弟タル王アルトキハ其ノ王皇位繼承ノ順序ニ從ヒ之ニ代ルモノトス四世ノ長孫子ナクシテ父祖ニ先チ薨去シタル場合亦同シ

第四條　長子孫ノ系統四世以上ニ在ル者重大ノ事故アルトキハ他ノ系統ヲ以テ之ニ代フルコトアルヘシ

前項ノ場合ニ於テハ皇族會議及樞密顧問ニ諮詢シタル後之ヲ勅裁ス

第五條　前數條ノ規定ハ皇室典範第三十二條ノ規定ニ依リ親王ノ號ヲ宣賜セラレタル皇兄弟ノ子孫ニ之ヲ準用ス

附　則

此ノ内規準則ハ現在ノ宣下親王ノ子孫現ニ宮號ヲ有スル王ノ子孫竝兄弟及其ノ子孫ニ之ヲ準用ス但シ第一條ニ定メタル世数ハ故邦家親王ノ子ヲ一世トシ實系ニ依リ之ヲ算ス

博恭王ハ長子孫ノ系統ニ在ルモノト看做ス

邦芳王及多嘉王ニハ此ノ内規準則ヲ適用セス

番号	刊行年	表　題（共著編者）	単・共	発行所
49	1998	中国から見た日本的経営　（伊藤正一 他）	編著	東洋経済新報社
50	1999	*East Asian Economic Development* (F. G. Adams)	共編著	Praeger Pub.
51	2000	*Econometric Modeling of China* (L. R. Klein)	共編著	W S P. C
52	2001	経済学の基礎 2001 年版（02-04 版略）	単著	（教科書版）
53	2001	青山秀夫教授の学問と教育	編集	創文社
54	2003	*Interregional Input-Output Analysis of Chinese Economy* (H. J. Wang)	共編著	WSPC
55	2003	日本とアジア発展の政治経済学(長尾信吾訳)	単著	創文社
56	2003	港湾と地域の経済学　（土井正幸著）	監修	多賀出版
57	2004	中国経済の地域間産業連関分析[54]の和訳	共編著	創文社
58	2004	アジアの発展と地方分権　［56］の和訳	編集	北九州市
59	2004	*Development and Decentralization in Asia* (R. Bahl)	編集	北九州市
60	2004	アジアの自動車産業と中国の挑戦（吉松・劉・Findley 著）	監修	創文社
61	2004	日本の教育をまもるもの	単著	創文社
62	2005	中国の計量経済モデル　［51］の和訳	共編著	創文社
63	2005	中国経済の地域間産業連関分析（C）（李 Shan-to 訳）	共編著	財経出版社、上海
64	2006	私の戦後六十年	単著	内外ニュース社
65	2008	教育基本法の改正と教育者の姿勢	単著	皇學館大學出版
66	2008	*Decentralization Policy in Asia Development* (R. Bahl)	共編著	WSPC
67	2009	*Transition from Socialist to Market Economies*（佐藤・James）	共編著	Palgrave-McMillan
68	2010	*Macroeconometric Modeling of Japan* (L. Klein)	共編著	WSPC
69	2011	日本経済のマクロ計量分析　［68］の日本語版（L. Klein）	共編著	日本経済新聞出版
70	2012	日本の二大課題——皇室典範の改正と長期不況対策	単著	国民会館

番号	刊行年	表　題（共著編者）	単・共	発行所
27	1976	歴史の流れのなかに	単著	創文社
28	1977	*Southeast Asia: Nature, Society and Development* ［21］	編著	U. Press of Hawaii
29	1977	*An Econometric Analysis of the Japanese Economy* （Klein 他）	共著	アジア研究協会
30	1978	*Econometric Models of Asian Countries I*	編著	ADIPA
31	1979	中国経済の発展（A. Eckstein & T. Liu）（翻訳）	監訳	創文社
32	1980	日本企業 イン・アジア　（猪木武則 他）	編著	東洋経済新報社
33	1980	*Econometric Models of Asian Countries II*	編著	ADIPA
34	1981	日本の教育・理想と苦悩　（高田保馬 他）	編著	創文社
35	1985	教育の正常化を願って	単著	創文社
36	1985	日本経済の進路を索めて	単著	創文社
37	1985	*Econometric Models of Asian LINK*（江崎光男）	共編著	SpringerVerlag
38	1988	アジアに根づく日本的経営（富田光彦 他）	編著	東洋経済新報社
39	1988	*The Challenges of Asian Developing Countries* （S. Naya et al）	編著	アジア生産性機構
40	1988	*Indonesian Economic Development* （川嶋辰彦 他）	編著	国際協力事業団
41	1988	現代日本の政治経済　（高阪正堯）	共編著	PHP 研究所
42	1989	インドネシアの経済発展（In）（小田野純丸）	共編著	U Indonesia Press
43	1989	*The Political Economy of Fiscal Policy* （M. Urrutia et al）	共編	UNU. Press, Tokyo
44	1993	*The Role of Japan in Asia*	単著	I C S Press
45	1993	*Econometric Models of Asia-Pacific Countries* （松本保美）	共編	Springer Verlag
46	1994	日本の経済発展と国際関係（C）（色文訳編）	単著	北京大学出版会
47	1994	アジアの移行経済　（宮本勝浩）	共編	大阪国際大学
48	1998	*Political Economy of Japanese and Asian Development*	単著	Springer Verlag

番号	刊行年	表　題（共著編者）	単・共	発行所
4	1957	日本経済の構造――産業連関分析	単著	創文社
5	1957	*A Historic Development of Economic Dynamics*	単著	日本学術会議
6	1958	日本経済と地域経済――近畿地域産業連関分析（関経連事務局）	編著	創文社
7	1958	産業連関論の応用	編著	有斐閣
8	1960	日本経済の将来（関経連事務局）	編著	有斐閣
9	1960	岡山県経済の将来（岡山県大阪事務所）	監修	岡山県大阪事務所
10	1960	*Programming Techniques for Development* (J. Tinbergen et al)	共著	ECAFE
11	1962	教師の使命（高坂正顕他）	編著	日本教育協議会
12	1964	欧米の教育と日本の教育	単著	創文社
13	1965	世界のなかの日本経済	単著	中央公論社新書
14	1968	現代人のための名著（宇野・永井）	共編	講談社現代新書
15	1968	コンピューター時代の経営管理手法（翻訳）	監訳	日本経済新聞社
16	1969	大学改革のための提案二十条（高坂・吉田）	共編	創文社
17	1970	現代をどうとらえるか	単著	講談社現代新書
18	1970	試練に立つ経済大国	単著	日本経済新聞社
19	1970	日本経済の計量分析（縦元正弘）	共編	東洋経済新報社
20	1974	東南アジアを考える（石井米雄 他）	編著	創文社
21	1974	東南アジアの自然・社会・経済（久馬剛 他）	編著	創文社
22	1974	共産圏諸国の政治経済の動向（猪木正道）	共編	創文社
23	1975	東南アジアの経済発展（李登耀 他）	共編著	創文社
24	1975	*A Regional Economic Survey of South Sumatra State* (LEKNAS)	共著	LIPI, Jakarta
25	1975	「インドネシア――様々の課題と出来事」(In)（Koentjoronigrat）	共編	Obor, Jakarta
26	1975	*The Economic Development of East and Southeast Asia*［23］	編著	UPress of Hawaii

著作一覧

これは、私の殆どの著述の一覧表である。日本語と英語のものは原題のままに掲げたが、他の外国語のものは和訳して掲げた。学術論文のリストは、[36]と［55］の巻末に掲げた。それ以後のものは近刊の英書に掲載の予定である。

教育問題関連

番号	刊行年	表　題（共著編者）	単・共	発行所
1	1960	欧米の教育と日本の教育	単著	創文社
2	1962	教師の使命	編著	日本教育協議会
3	1965	世界のなかの日本経済	単著	中央公論社新書
4	1968	現代人のための名著　（宇野・永井・会田）	共編	講談社現代新書
5	1969	大学改革のための提案二十条（高坂正顕・吉田富三）	共編	創文社
6	1970	現代をどうとらえるか	単著	講談社現代新書
7	1976	歴史の流れのなかに	単著	創文社
8	1981	日本の教育・理想と苦悩	編著	創文社
9	1985	教育の正常化を願って	単著	創文社
10	1988	現代日本の政治経済　（高坂正堯）	共編著	PHP 研究所
11	2004	日本の教育をまもるもの	単著	創文社
12	2006	私の戦後六十年	単著	内外ニュース社
13	2008	教育基本法の改正と教育者の姿勢	単著	皇學館大學出版
14	2012	日本の二大課題——皇室典範の改正と長期不況対策	単著	国民会館

その他の著書

番号	刊行年	表　題（共著編者）	単・共	発行所
1	1951	国民所得と資源　（鎌倉昇）	共著	弘文堂
2	1953	*An Inquiry into Nonlinear Theories of Economic Fluctuations*	単著	MIT（PhD論文）
3	1954	経済循環の構造	単著	創文社

や　行

ら　行

わ　行

は　行

ま　行

な　行

た　行

さ　行

事項索引

あ 行

か 行

ま　行

や　行

わ　行

た 行

な 行

は 行

さ 行

〈日　本〉

あ　行

か　行

ポレオン）　224
Nassau　ナッサウ公家　223
Nicholas, H.G.　ニコラス　215
Nixon, Richard　ニクソン　236
Olechnowicz, Andrzej　オレクノヴィッチ　237
Orleans　オルレアン家　224
Pagan kingdom　パガン王朝　159
Peake, Cyrus H.　ピーク　115
Philip (Duke of Edinburgh)　フィリップ殿下（エジンバラ公）　156
Philippe, Louis　ルイ・フィリップ　224
Pope　ローマ法王　46, 219
Putin, Vladimir　プーチン　225
Queen Elizabeth II　エリザベス女王　156
Reagan, Ronald　レーガン　146
Romanov　ロマノフ王朝　224～225
Rosowsky, Henry　ロソフスキー　90
Rostow, Walt W.　ロストウ　235
Rousseau, Jean-Jacques　ルソー　132
Sartre, Jean-Paul　サルトル　132
Schumpeter, Joseph A.　シュンペーター　236
Stein, Lorenz von　シュタイン　116
Sukhothai kingdom　スコタイ王朝　159
Toynbee, Arnold　トインビー　163～164
Treitschke, Heinrich von　トライチケ　144～145, 183
Troyanovsky, Oleg　トロヤノフスキー大使　139
Valmberry, Lustem　ヴァームベリー　149
Voltaire　ヴォルテール　132
Weber, Marianne　マリアンネ・ウェーバー（夫人）　129～130, 134～135, 236～237
Weber, Max　マックス・ウェーバー　45, 64～65, 129～130, 133～135, 137, 180, 231, 236～237
Wilhelm II　ウィルヘルム二世　223
Wilson, Woodrow　ウィルソン　226
Windsor　ウィンザー王朝　156
Yeltsin, Boris　エリツィン　225

人名・王朝名・家名索引

〈外　　国〉

Angkor kingdom　アンコール王朝　159
Ayutthaya kingdom　アユタヤ王朝　159
Bagehot, Walter　バジョット　140, 180
Barker, Ernest　バーカー　180, 236
Bonaparte　ボナパルト家　224
Bourbon　ブルボン王家　224
Bourget, Paul　ブールジェ　132
Bryce, James　ブライス　136
Burke, Edmund　バーク　132
Constant, Benjamin　コンスタン　140, 180
De Gaulle, Charles Andre　ドゴール　146
Eberhard (von Wurttemberg)　ヴュルッテンベルク伯エーバーハルト　146
Emerson, Ralph Waldo　エマーソン　213
Fay, John　フェイ　95
Franco, Francisco　フランコ　224
Georgios II　ゲオルギオス二世　143
Gorbachev, Mikhail　ゴルバチョフ　83, 225
Gray, John N.　グレイ　217, 230, 235
Hannover　ハノーバー王家　130, 223
　ハノーバー選帝侯　156
Hapsburg　ハプスブルク王家　124, 130, 143, 225
Hohenzollern　ホーエンツォレルン王家　130, 143, 223
Huntington, Samuel　ハンチントン　230, 233, 236～237
Hussein, Saddam　フセイン　218
Jesus　イエス　206, 211～213
Johannes　ヨハネ　212
Juan Carlos　フアン・カルロス　224
Karl I　カール一世　225
Kelsen, Hans　ケルゼン　132
Kemal Pasha　ケマル・パッシャ　143
Kennedy, John F.　ケネディ　146, 233, 235
Kofy, Ambassador　コフイ大使　152
Kossuth, Lajos　コスート　212
Lan Xang kingdom　ラーンサーン王朝　159
Loewenstein, Karl　レーベンシュタイン　45, 53, 64, 135～136, 180, 231, 235, 237
Mahalanobis, Prasanta C.　マハラノビス　237
Medvedev, Dmitry　メドベージェフ　225
Milne, David　ミルネ　235
Napoleon III　ナポレオン三世(ルイ・ナ

著者紹介

市村真一（いちむら・しんいち）

1925年京都市生れ。京都大学名誉教授，大阪国際大学名誉教授，（財）国際東アジア研究センター名誉顧問，東アジア経済学会名誉顧問。専門は，計量経済学・経済発展論。

［学歴］1949年京都大学経済学部卒。1953年MIT Ph.D。

［職歴］和歌山大学助教授（49-56），大阪大学社会経済研究所教授（56-68），京都大学東南アジア研究センター教授（68-88, 所長69-79），大阪国際大学副学長（88-95），（財）国際東アジア研究センター所長（95-2002），同センター顧問（2002-05），The Econometric Society Fellow（1962-），東アジア経済学会会長（1992-98），国連Committee for Development Planning委員（72-90），（社）日本教育会会長（83-90）。

客員教授：Johns Hopkins U（1959-60），U of Calif., Berkeley（65-66），U of Pennsylvania（66-67），U Bonn（80），NU of Singapore（82），Columbia U（86，87），Ewha Woman U（99）.

皇室典範《こうしつてんぱん》を改正《かいせい》しなければ、宮家《みやけ》が無《な》くなる

2012年9月30日　初版第1刷発行 ©

著　者　市村真一
発行者　藤原良雄
発行所　株式会社　藤原書店

〒162-0041　東京都新宿区早稲田鶴巻町523
電　話　03（5272）0301
FAX　03（5272）0450
振　替　00160－4－17013
info@fujiwara-shoten.co.jp

印刷・製本　音羽印刷

落丁本・乱丁本はお取替えいたします
定価はカバーに表示してあります

Printed in Japan
ISBN978-4-89434-873-8